SEKAISHISO SEMINAR

実践社会調査入門

今すぐ調査を始めたい人へ

玉野和志

世界思想社

実践社会調査入門
今すぐ調査を始めたい人へ

目　次

はじめに――今すぐ調査を始めたい人へ　*1*

第1章　社会調査にできること　*3*
社会調査の目的と必要性　*3*
労働者大衆の登場と社会調査の成立――ブースとラウントリ　*4*
実践的な社会調査から科学としての社会調査へ
　　――シカゴ学派の夢と限界　*8*
サーベイ調査の革新――ストゥファーとラザースフェルド　*12*

第2章　社会調査とはどんなものか　*15*
初めての社会調査――ある調査実習の記録　*16*
　　まず，どうしよう／とにかく聞いてみよう／書かれたものはないか／アンケートに挑戦
社会調査の原理――知らないから教えてもらうということ　*23*
聞き取り調査によるデータ　*27*
書かれた資料というデータ――文書資料，文献資料，統計資料　*31*
サーベイ調査によるデータ　*34*
社会調査の3つの方法　*38*

第3章　社会調査はどうやってやるか　*41*
社会調査の手順と過程　*42*

３つの方法をどう組み合わせるか　*45*

　　ひとつの事例──まちづくりのマスタープラン作成のために　*53*

　　　　課題の設定──何を知りたいのか／視察と聞き取り──聞き取り調査による仮説の構成／資料の収集と簡単な聞き取りによる知見の補強／サーベイ調査による確認──全体的な分布と要因間の比重の測定

　　調査結果の報告──政治的意思決定のための「客観的」資料として　*60*

第4章　聞き取り調査の方法　*63*

　　聞き取り調査はおもしろい　*63*

　　聞き取り調査の意義と限界──作業仮説を得るということ　*64*

　　聞き取り調査の極意　*65*

　　　　いつ，誰に，どうやって頼むか／決定的に重要な最初の一言／話したいことしか話さない対象者＝インフォーマント／聞き取り調査成功の基準

　　聞き取り調査にもとづく事例研究──ケースと出来事　*77*

　　個別事例の研究　*77*

　　　　事例は３つ集めれば十分／思い込みという名の仮説／事例を増やして仮説を検証しようとするな

　　個別の出来事に関する研究　*82*

　　　　異なる立場の人々の証言を集めること／説明のための仮説と解釈の原理／聞き取り調査の限界

　　科学としての社会調査の意義と専門性　*86*

第5章　書かれた資料の収集と分析　*89*

　　書かれた資料としての文書，既存研究，統計資料　*89*

　　聞き取り調査も書き残せば文書資料になる　*90*

　　書かれることによって可能になる資料批判　*92*

　　二次資料として獲得される量的な広がり　*94*

だから一次資料を増やす必要はない　*95*

代表的な統計資料のいくつか　*96*

それでも量的な確認はできないこと　*98*

特殊に書かれた資料としてのサーベイ調査　*99*

聞き取り調査との組み合わせ方　*99*

サーベイ調査との組み合わせ方　*101*

第6章　サーベイ調査の方法　*103*

サーベイ調査の原理　*104*

サーベイ調査の意義と限界　*106*

サンプリングと統計的検定の原理　*108*

さまざまな方法のサンプリング　*111*

統計的検定の考え方　*113*

平均値の差の検定　*114*

マトリックスデータの世界　*117*

定性的な変数の世界と定量的な変数の世界　*120*

決定的に重要な測定と尺度——質的世界の量的世界への変換　*122*

それぞれの世界の分析手法とその特質　*125*

クロス集計と χ^2 検定　*127*

分散分析　*129*

回帰分析と重回帰分析　*131*

因子分析とクラスター分析　*136*

集計の手順と原理　*138*

擬似相関とエラボレーション　*142*

サーベイ調査の2つの意義　*145*

第7章　統計的技法の実際　*149*

　質問文作成上の注意事項　*149*

　サンプリングの技法　*153*

　3種類の測定尺度——名義尺度，順位尺度，間隔尺度　*157*

　クロス表とχ^2値の計算法　*159*

　一元配置の分散分析　*162*

　二元配置の分散分析　*165*

　回帰分析　*168*

　ロジスティック回帰分析　*173*

　因子分析　*178*

　クラスター分析　*183*

　エラボレーションの詳細　*188*

おわりに——2種類の報告書をつくろう　*191*

文献案内　*195*

　標準的かつ全般的なテキスト　*195*

　日本の各種テキスト　*197*

　　　入門的なもの／サーベイ調査に関するより専門的なテキスト／質的調査と量的調査の関連について参考になるもの

　質的調査の方法に関するテキスト　*199*

　　　いわゆる「質的調査」の諸潮流について

　本書の内容に関する参考文献　*203*

　　　社会調査全般について（第1章〜第3章）／聞き取り調査の方法について（第4章）／書かれた資料の収集と分析について（第5章）／サーベイ調査の方法について（第6章，第7章）

あとがき　208
文献リスト　211
付録　調査対象者向け報告書　215
索　　引　223

　　　　　　　　　　　　イラストレーション＝堀口ハルタ

はじめに
―― 今すぐ調査を始めたい人へ ――

いうまでもなく，この本は社会調査に関するテキストである．しかし，数多ある類書とは際立った違いがある．多くのテキストが大学での講義用に社会調査の一般的・体系的な理解を目的に書かれているのにたいして，この本はとにかく今すぐ社会調査を始めたい人のために書かれた実践的なテキストである．特定の目的を与えられて，とにかく調査をしなければならない人が，いったいどうすれば何がわかるかを知るためのテキストなのである．大学で社会学や社会調査を学んだかどうかに関わりなく，何らかの調査をしなければならない人は多いだろう．行政やシンクタンクの職員はもちろん，最近ではNPOの関係者もかなり大がかりな調査を行うようになっている．そのような人たちのための実践的な手引きとなることを目指したのである．もちろん調査実習を受講する学生や講義用のテキストとしても十分に利用できるものになっている．

それでは，一般的なテキストと特にどこが違うかというと，それは社会調査のいくつかの方法とその結果得られる何種類かのデータから何がわかるのか，したがってどんなときにどの方法を使うのが適当かという点に重点をおいていることである．社会調査のもっともポピュラーな方法が質問紙を用いたサーベイ調査であ

るために，多くの教科書はこの方法を中心としたものになっている．それ以外のものは，逆にこの傾向に反発して，いわゆる「質的」な調査法についてだけ解説したというものが多い．ところが，実際に行われる社会調査はサーベイ調査やインタビュー調査だけではなく，各種の文書資料や統計資料を駆使することが多く，むしろその方が有効であることが多い．この点をふまえて，官庁統計などの利用も含めた広い意味での文書資料の活用をきちんと位置づけて，実践的に社会調査の全体像について明らかにしている点に，このテキストの最大の特徴がある．

　実はそのような資料論の理屈づけやそもそも社会調査をどのような方法ととらえるかについての本書の立場は，かなり論争的であり，実際には本格的な学問的検証を必要としている．しかし，それは別の機会にやるべき筆者の宿題ということにして，ここでは結論だけを提示しておく．その意味でも本書はあくまで実践的なテキストである．とはいえ，それをふまえて方法論的な検討を行うならば，大学のテキストとしても格好の教材になるであろう．

　最後に，ここで想定している社会調査には一定の偏りがあることを断っておきたい．ここでは主として特定の地域や集団・団体などを対象とした社会調査を念頭においている．世論調査などの一般的な国民の意識や，市場調査など消費者の全般的な動向をとらえようとする調査とは若干異なるところがある．また，内容分析などの手法を用いるマス・コミュニケーション研究の分野での方法にもふれていない．しかし，この本が想定する読者の多くは具体的な地域や対象をもつ調査に従事することが多いと思われるので，ご了承をいただきたい．

第1章
社会調査にできること

　本章では，まず社会調査がもともと不特定多数の人々の動向をとらえるために生まれたものであること，その後さまざまな方法を経て科学として確立していったことを確認する．実践的なテキストなのに，なぜ社会調査史のようなことをと思うかもしれないが，ここを理解して初めて聞き取り調査と文書資料の分析をふまえたサーベイ調査の意義が確認できるのである．

社会調査の目的と必要性

　社会調査は19世紀イギリスのロンドンで，労働者生活研究として登場する．その先駆的なものとしてF.エンゲルスの『イギリスにおける労働者階級の状態』がある．その後，C.J.ブースとB.S.ラウントリの貧困研究によってその原型が確立する．
　続いて，社会調査発展の場は新大陸の新しい産業都市シカゴに移ることになる．ここでも，やはり労働者大衆としての移民たちの生活がその焦点となる．シカゴ大学社会学部のR.E.パークと

E. W. バージェスを中心とした研究グループ——シカゴ学派とよばれる——が精力的に調査研究を展開する．彼らは社会調査の科学としての確立を目指して，さまざまなデータ収集の努力を行うが，ある1点で満足した成果を得ることができなかった（この点については，2つ後の節で詳述する）．

そこに現れたのが，コロンビア大学で開発・整備されていったランダム・サンプリングにもとづくサーベイ調査という技法である．シカゴ大学もやがてこの技法を取り入れることになる．ここに社会調査は，不特定多数の人々の動向をとらえる科学的な方法として自らを確立する．

ここで重要なのは，社会調査が，労働者大衆という不特定多数の人々が歴史の表舞台に登場する近代という時代に，そのような人々の集住する都市において発達したという事実である．つまり，社会調査は一般の人々の動向をとらえるための道具なのである．社会調査でわかるのは，一般の人々が何を考え，何を願い，どう生きているかということである．一般の人々が何を考えているのかが，すぐにはわからなくなった状況において，社会調査という専門的な技術が求められたのである．そして，そのような人々の動向が尊重されるべき社会が，現在の民主主義社会であるとすれば，社会調査の方法は現代社会に必須の知識ということになる．

労働者大衆の登場と社会調査の成立——ブースとラウントリ

それでは，まずイギリスのロンドンで展開した社会調査の萌芽について，紹介していきたい．

弱冠22歳の青年エンゲルスがドイツから単身イギリスに渡り，

労働者の生活を実地に見聞したいと考えたのは1842年のことである．いうまでもなく，当時のイギリスは産業革命のさなかで，「世界の工場」としてその繁栄の絶頂にあった．と同時に，劣悪な環境で働く労働者の貧困と住宅問題が社会問題として立ち現れつつあった．また，そのような問題に労働者自らが立ち上がる労働組合運動が高揚しつつあった．エンゲルスは後にマルクスとともに，この労働運動の指導者になっていく．実はこの労働者と労働運動の登場こそが，近代という時代に特徴的な不特定多数の人々——それは当時，旧来の貴族など為政者から見ると，得体の知れない，いつ革命を起こすかわからない不可解な存在と見られていた——の台頭であった．そしてこの不可解な存在をとらえる方法として社会学や社会調査が誕生したのである．

さて，それではエンゲルスはいかなる方法を用いたのか．そこではすでに社会調査の2つの主要な方法が用いられている．聞き取りなどの現地調査と文書資料の分析が，それである．エンゲルスは『イギリスにおける労働者階級の状態』の冒頭で，次のように述べる（エンゲルス 1971）．「私は諸君を諸君の住宅にたずね，諸君の日常生活を観察し，諸君の生活条件や苦悩について諸君と語りあい，諸君の圧政者の社会的・政治的権力にたいする諸君の闘争をこの目で見たいと思った．そして，私はそのようにしたのである」．つまり，当事者である労働者本人からの聞き取りや労働者本人の自宅や工場の視察という方法を基本的なものとしている．そして，自分の目や耳で確かめたこと以外については，政府による調査報告書などの文書資料を用いているが，その際，次のように述べている．「私はたいていの引用にあたって，私の証人の党派をあげておいたが，それというのも，たいていの場合，自

由党派はきまって農業地方の貧困を強調するが工場地方の貧困は否定しようとするし，その反対に，保守党派はきまって工場地方の窮乏を承認するが農業地帯の窮乏は知ろうとしないからである．またこのような理由から，私は工業労働者をえがくにあたって公式の文書が手にはいらなかったときには，いつも自由党派の証拠書類のほうをとりあげた」．すなわちここには，自分にとって都合の悪い事実であるにもかかわらず，それを認めて文書として残しているとすれば，その事実は確からしいという，歴史学の史料批判における原則が用いられている．このように，現地調査による第一次資料と，書かれた資料としての第二次資料という，社会調査の2つの基本的なデータが注意深く使用されている点に，社会調査の先駆といわれるゆえんがある．

このエンゲルスの作品はその後，不朽の名作として，社会科学上の古典中の古典として，高い評価を受けることになる．しかし出版当時は，労働運動に関心をもつ一部の人々にはそれなりの影響を与えたとはいえ，世論を喚起するというほどの力を示すことはなかった．労働者の貧困と住宅問題の存在を指摘した先駆的な業績としての学問的な栄誉は受けたとしても，その解決に向けた政府による政策的な取り組みを引き出すには至らなかった．それはあくまで労働者の運動を鼓舞するに留まったのである．

労働者の貧困に関する社会調査の結果が広く一般の世論を喚起し，政府による政策的な対応を要請するようになるには，エンゲルスから半世紀を経たブースとラウントリの時代まで待たなければならなかった．それでは，彼らの調査はエンゲルスとどこが違っていたのだろうか．何が彼らの調査にそのような力を与えたのであろう．

ブースがエンゲルスと同様に，労働者ひとりひとりの生活を実際に事例としてある程度綿密に調査したことはいうまでもない．この点ではエンゲルスの方法と何ら変わるところはない．しかし，ブースはそこからあえて「貧乏線」という量的な基準を設定しようとした．膨大な事例の報告にもとづいて，これくらいの収入以下ならば誰が見ても貧困といわざるをえないという最低ラインを定めようとしたのである．そして最終的に週給 21 シリング以下を貧困とするという結論に達し，そのうえでこの量的な基準にもとづいてロンドン市民のいったい何割が貧困といえるのかを数え上げたのである（Booth 1970）．その結果が実に全体の 3 割に達したという，この単純な事実こそが大きな力をもつことになる．

　当時の大英帝国の首都ロンドンは，「世界の工場」としてその栄華をほしいままにしていた．ところが，その大都市ロンドンの市民の 3 人に 1 人が貧困線以下の生活を強いられているという．この端的な数字によって示された事実に，日頃労働者の生活など顧みることのなかった人々が声をあげることになる．世論が高揚し，政府は何らかの対応を迫られたのである．

　ところが，このような労働者の貧困はむしろ資本家階級にとっては好ましいことであった．一般の従業員の生活が不安定で賃金が低いことや，労働条件の改善をしないでおくことは，企業経営という点では費用を少なくすることを意味し，いつの世でも別の支障が出ない限り放置されるものである．このときも資本家たちは，ブースの調査結果についてはしぶしぶ認めつつも，これは全国から貧困者が集まる大都市ロンドンに限られた例外的なことであって，すべての都市に当てはまることではないという論陣をはった．労働者一般にたいする政府の政策が立案されることを恐れ

たのである.

　それなら別の都市でもブースと同じように調べてみようと考えたのが,ラウントリである.ラウントリはヨークという都市でブースと同じように,綿密なケース・スタディにもとづいて,ブースよりも厳密に「第一次貧困」と「第二次貧困」という区分を設け,5人家族の標準世帯において週給21シリング8ペンス以下を貧困と評定し,貧困者の比率を算定した.その結果としてブースの結論にきわめて近い,3割という数字が算出されたのである(ラウントリー 1975).この社会調査の結果によって,資本家たちはもはや政府が何らかの対策に乗り出すことに反対はできなくなった.

　その後,イギリスが長い間,労働運動のみならず,労働立法,公衆衛生,社会事業,社会福祉などの分野で先進的な役割を果たすようになったのは周知の通りである.

実践的な社会調査から科学としての社会調査へ
　　　　　——シカゴ学派の夢と限界

　さて,ロンドンでのこのような成果は,やがて新大陸の新興都市・シカゴにおいて引き継がれていくことになる.第一次世界大戦以降,世界経済の覇権を握るようになったアメリカの都市シカゴは,ロンドンに次いで世界的な産業都市として発展していくことになる.同時に,ロンドンと同じように移民を中心とした労働者の貧困や青少年非行,家族崩壊などの社会問題が頻発するようになる.このような都市問題に対処すべく,シカゴ大学に社会学部が創設される.ここに集まったスモール,タマス,パーク,バージェスなどの社会学者たちが,シカゴ学派とよばれ,シカゴを

対象にしたさまざまな社会調査に従事していくことになる．それでは，彼らの社会調査はエンゲルスやブース，ラウントリとどのように異なっていたのであろう．

エンゲルス，ブース，ラウントリの時代までの社会調査は，あくまで労働者の貧困を目の当たりにして何らかの対策をとるべきだと考えた実践家によるものであった．それは彼らがいずれも専門の研究者ではなく，事業経営によって財をなした資産家であったことにもよく現れている．エンゲルスが実業家の息子であり，マルクスとの交際を親に責められたことは有名な話であるし，ブースは船舶会社，ラウントリはココア製造の会社を経営する資産家であった．彼らは労働運動や社会事業に関わることで，労働者の窮状を打開しようとした社会的な実践家だったのである．シカゴにも彼らの系譜にそのまま連なる人物や社会事業は存在した．シカゴ学派の研究者がその初期において深い関わりをもった「ハル・ハウス」がそれである．

ハル・ハウスとは，ある資産家の女性が所有する土地に設立された施設を拠点とするセツルメントハウス（社会事業の地域拠点）であった．シカゴでも，最初はここを拠点とした労働者の社会調査がさかんに行われていて，シカゴ大学の研究者もそれに大きく貢献していた．シカゴ学派の重鎮であるパークも，もともとはそのような施設と似かよった黒人教化事業に関わっていた人物である．ところが，やがてシカゴ大学の研究者たちは，自分たちの行う調査をセツルメントハウスの実践家たちが行う調査と区別する必要を感じるようになる．パークはよく社会改良の志に富んだ大学院生をつかまえて，「君たちは，あのいまいましい，きれいごとだけを並べ立てる慈善家ではないはずだ」と，ことあるごとに

問い詰めては嫌われていたという（フェアリス 1990）．

　つまり，シカゴ学派は社会調査を，社会改良家たちが行う特定の目的をもった技法から，より一般的に人間行動の原理を解明する科学的な方法へと確立させようとしたのである．ここで注意すべきは，シカゴ学派の場合，科学として自らの方法を確立することは，社会改良の実践から離れて純粋な学問としての自立を目指したものではなく，むしろより実質的な貢献を可能にするための方策であった点にある．同じ時期，シカゴ大学の研究者たちはシカゴ市の政策形成に関わるようになり，そのような政策立案の根拠となるものとして「科学的な」調査・研究のデータを蓄積する必要を感じていた．社会調査を，公的な対策や政策を検討するさまざまな人々にとって共通の題材となるような，誰もが納得できるという意味で「客観的な」，データを提供する「科学」として確立させることが求められたのである．

　シカゴ学派の調査研究報告として名高いモノグラフのひとつに『ジャック・ローラー』という作品がある．ジャック・ローリングとよばれる窃盗行為を行うに至った，ある非行少年の生活史を題材とした古典的な作品で，ライフヒストリー研究の典型として評価されている．この作品には，パークと並んでシカゴ学派を支えたバージェスによる，この研究の実践的な意味合いについて考察した論文が添えられている．そこで，バージェスはしきりにこの個性ある特殊な事例が示唆する一般的な知見に言及しようとしている．また，この研究自体が，保護監察官でもあったC.R.ショウが青少年非行防止のために行ったものであった．

　同じくシカゴ・モノグラフとして名高いものにN.アンダーソンの『ホーボー』という作品がある．いわゆるホームレスとよば

れる人々に関する調査研究であるが，これもシカゴ大学と市当局の組織的な連携のもとに行われた調査研究プロジェクトの一環であり，巻末にはアンダーソン自身による具体的な政策提言が添えられている．

　ショウにしても，アンダーソンにしても，個人のライフヒストリーや参与観察にもとづく生きいきとしたリアルな調査研究を行ったことで知られている．しかしここでは，たとえば『ホーボー』の中で，アンダーソンがことあるごとにそのリアルな事例の一般的な位置づけを探るために，ホームレスの事例を大量に集めようとしていたことに，むしろ注目すべきである．つまり，「質的な」データを活用したシカゴ学派の社会学者たちが，その質的なデータを大量に蓄積し，その量的な位置づけを模索しようとしていたことが，重要なのである．N.S.ハイナーの『ホテル・ライフ』や，H.W.ゾーボーの『ゴールド・コーストとスラム』などの作品では，シカゴ学派が組織的に収集し，ファイリングした膨大な量の聞き取り調査の記録が縦横に駆使されている．

　このような調査データの収集のあり方は，ブースやラウントリからの流れを意識すれば，それほど不思議なことではない．むしろ今からふりかえって，シカゴ学派を「質的な」調査法だけで評価することの方が不自然なのである．ブースやラウントリが膨大な事例研究の蓄積にもとづき，誰もが納得できるという意味で「客観的な」貧乏線という量的な基準を構成したように，シカゴ学派もまた，自らの調査データの量的な位置づけを確定し，それを単なる貧困層の確定に留めず，より一般的な社会問題解決のための基礎資料を提供しうる，「科学的方法」へと高めようとしていたのである．

しかしながら，この最終的な関門をシカゴ学派は越えることができなかった．シカゴ学派が豊かに蓄積した事例にもとづく知見を，一般的に位置づけることのできる統計的な方法は，コロンビア大学の研究者たちによって開発されていくことになる．

サーベイ調査の革新——ストゥファーとラザースフェルド

さて，シカゴ学派の方法にはいったい何が足りなかったのだろう．質的なデータを大量に集めるだけでは，なぜその全体的な位置づけが確定できないのだろうか．

事例は，いくら多くの数を集めたところで，いつまでたっても，それぞれがひとつの事例であるにすぎない．そこで見出された知見が，どれくらい一般的に生起するかを，そこから評定することはできないのである．それら個々の事例が寄り集まって構成される全体についての知識がない限り，いいかえれば，その全体との関係で個々の事例が位置づけられない限り，シカゴ学派の課題はクリアできない．質的に解き明かされた知見が，政策的に人々を揺り動かすためには，それが全体としてどの程度の頻度で生起しているかについての，単純な量としてではなく，確率論的な評定が必要なのだ．すなわち，母集団とサンプルとの間の統計的な知識が不可欠なのである．

社会科学において，このような統計的な検討は，大規模な戦闘において不特定多数の兵士の活躍に頼らざるをえなくなった近代の戦時体制の中で，求められることになった．日本などとの戦争の必要から，アメリカは軍隊の士気を高めるために，兵士を対象とした調査を行った．このとき，すべての兵士を対象にすること

はできないので，無作為に抽出されたサンプルを調査して，母集団全体の傾向を推定する統計学の手法が活用されたのである．その成果が『アメリカ兵』を中心としたS. A. ストゥファーらの一連の著作（『第二次世界大戦下での社会心理学的研究』）であり（Stouffer et al. 1949-50），これと並行して，定型化された質問文への回答にもとづき，社会的な属性や意識・態度を測定し，尺度化する質問紙調査の方法が，P. F. ラザースフェルドらによって精緻化されていく．そして，やがてそれは，R. K. マートンによって社会学的な理論仮説を検証する方法として位置づけられていく（マートン 1961）．マートンとラザースフェルドは，いずれもコロンビア大学に籍をおく研究者であった．

このような質問紙による測定をともなう統計的な標本調査を，ここでは「サーベイ調査（statistical survey）」とよんでおきたい．一般にアンケート調査とか，量的調査とよばれているものである．この方法の確立によって，シカゴ学派が求めてやまなかった，事例の全体的な位置づけが初めて可能になったのである．それは，母集団において特定の事象が存在する比率や生起する確率を明らかにするもので，単純に量的に確認するということではない．ランダム・サンプリングによって母集団の分布に近似した標本を集め，そこから母集団における分布を統計的に推定するということである．事例として発見された特徴を，何らかの質問文への回答というかたちで測定することができるならば，その全体的な比重が確認できることになる．その瞬間に，この質的な発見は単なる特殊な知見ではなく，ある程度の一般性をもって，誰もがその存在を認めざるをえないという意味で，「客観的な」ものになるのである．

このようなサーベイ調査の方法が整備されることで，社会学的な調査研究は，政策的・実践的な検討のための「客観的な」データを提供しうる「科学」として確立する．その結果シカゴ大学が，やがてコロンビア大学から計量社会学の専門家である W.F. オグバーンを招いたのは有名な話である．このことは，シカゴとコロンビアの「結婚」とよばれている（鈴木 2003）．

　なお，サーベイ調査の革新は，ここで述べた全体的な分布の確認に留まるものではなく，諸要因の独自の影響を数学的に割り出すという多変量解析の方法へと進んでいくが，この点については後で詳しく取り上げることにしたい．

　こうして社会調査は，不特定多数の人々の動向をとらえる科学的な方法として，自らを確立する．したがって，社会調査にできることは，そのような人々の動向を知ることであり，一部の人々への聞き取り調査や文書資料の分析では確定できないその全体的な位置づけを，ランダム・サンプリングにもとづく質問紙調査を駆使することで，実現しようとする方法なのである．それゆえ，社会調査はこの3つの方法とデータを組み合わせることによって，人々が自らを知り，自らの将来を切り開くために有用となる技術であるといえよう．

第2章
社会調査とはどんなものか

　ここでは，社会調査とはそもそもどういうものであるかという，社会調査の原理について述べる．社会調査にできることは，不特定多数の人々について知ることであった．それゆえ知らないことは知っている当事者から教えてもらうというのが，基本的な社会調査の方法ということになる．したがって，聞き取り調査によって得られるデータがすべての出発点になる．そして文書資料も，サーベイ調査のデータも，実はすべて同じ構造をもっている．つまり，当事者への何らかの働きかけにたいする応答がデータとして産出されるのである．その応答をデータとして，調査者は当事者の生きている世界の構造や現実を推測するのである．基本的な原理はただそれだけである．

　ただし，その働きかけの仕方や応答のデータとしての産出過程がそれぞれ異なっている．それぞれに強みと弱みがあるので，それらを相互に組み合わせることで，事の本質に迫っていくことが求められる．ここでは，その過程での基本的な原理と考え方を紹介することにしたいが，この部分はかなり原理的・抽象的で，か

つ論争的な議論を含んでいる．そこで，まずは社会調査実習で初めて調査をすることになった，学生たちの試行錯誤をシミュレートすることで，社会調査の原理的な過程についてのイメージをもってもらうところから始めたいと思う．

初めての社会調査──ある調査実習の記録

ある学生が，大学の調査実習で，学部による学生の気質の違いについて調べてみることになったところから，話を始めることにしよう．

まず，どうしよう

大学の授業で，学内でできる調査実習として，大学生について班ごとに何か調べるようにいわれた庄太くんは，学部による学生気質の違いについて調べてみることにした．庄太くんの入っているサークルにはいろいろな学部の学生が集まっていて，日頃からその違いに興味があったからである．文学部の学生は妙に理屈っぽく，法学部の学生は現実的，経済学部の学生にはこれといった特徴がなく，工学部の学生は口より先に体が動くといったところであろうか．そんなことを担当の教員に話したところ，教員は苦笑いしながら，そういう日常的な疑問から考えていくことは，とてもいいことだよ，といってくれた．

ところが，いざ調べる段になって，はたと困ってしまった．他の班のテーマは対応する既存研究というものがあって，それにならって進めていけばよいようだが，こちらはそういうわけにはいかない．いったいどうしたものかと，教員に相談したところ，と

りあえずいろんな人に話を聞いてみてはどうかということになった．

それって，手当たり次第に各学部の学生に当たれってことですか，という問いかけにたいして教員は，いやいや君と同じように各学部の学生たちと交流があって，一家言ありそうな人に
聞くということだよ．たとえば一般教育担当の教員や学生相談室のカウンセラーとかね．そういうことか，と合点がいった庄太くんたちは，さっそく動き始めることにした．

とにかく聞いてみよう

まずは，同じサークルの先輩たちに，庄太くんが感じることを話しながら，いろいろと意見を聞いていった．そうだよねと同意してくれる先輩もあれば，ちょっと違うという意見や，自分の属する学部だけは違うと強く否定する人もいた．さらに1年のときに世話になった教員や，学生相談室のスタッフなどに話を聞いていくと，漠然としていた印象が少し明確になってきたり，単に学部ごとの特徴がいくつか列挙できるだけでなく，それらを一貫した観点から説明するような仮説めいた考え方も生まれてきた．たとえば，こんな具合である．

ひとつは，各学部の学生の気質がそれぞれの学問分野の特徴と対応しているのではないかということ．言葉や論理をこねくり回して理屈っぽくなってしまう文学部，現実の問題をとりあえず解決する必要に対応しようとする実学としての法学の現実性，同様に自然科学の法則をとりあえず実際に使える技術に転換しようとする工学の実践性．しかし，これでは経済学部が説明できない．

これといった特徴がないという経済学部の特徴は，裏を返せば平均的な学生像に一番近いといえるだろう．そこで考えたのが，経済学部に進む学生が一番多いのではないかということである．そこからさらに，各学問分野の特徴と学生の気質が対応するのは，大学進学時に学部を選ぶ際に，前もってより分けられていったことの結果ではないかと考えるようになった．つまり，まずは成績で理系と文系が分かれる．この大学には理学部や医学部がないので比較ができないが，理系で実践的なことを好む学生が工学部に集まるのだろう．文系の方はというと，ちょっと失礼だが，これといって特徴がなく平均的な学生はごく自然に経済学部を選ぶ．文系では経済学部がもっとも一般的で，普通のサラリーマンになろうという人が集まるからだ．これにたいして民間企業よりも堅実な公務員などを志望する学生が法学部を選び，あまり将来の就職など考えず，文章や言葉そのものに興味があるという学生が文学部を選ぶというわけである．

　いろんな人の意見を聞いているうちに，庄太くんたちはそのように考えるようになった．そこで次に，そのような考えが本当に実際の各学部の学生の考えに対応しているかを確かめてみることにした．まずは手当たり次第に各学部の学生に意見を聞いて，実際に大学進学時にどのようなことを考えて学部を選んだかを確認していったのである．何人かで手分けをして，できるだけ多くの学生に確認をしていったのであるが，ここでひとつの壁にぶち当たることになる．仮説通りだったと喜んで報告してくるメンバーもいれば，全然違ってたと落胆するメンバーもいる．庄太くん自身も，当たっている人もいれば，当たっていない人もいるなあという感触であった．ためしに，全員の結果をひとつひとつ数え上

げていったが，そもそも各学部で想定された気質に合致しない人もいれば，当てはまる人もいるため，それぞれの集計結果ははっきりとした傾向をもたないのである．途方に暮れて，教員に相談してみると，そうだね，そもそも行き当たりばったりに対象者を選んでいるだけだし，聞き方も人によって違う，当たるとか当たらないとかも聞きにいった本人しかわからないことだよね．それではいくら多くの人に確認したとしても，集計の結果は何ともいえないよね．いろんな人の意見を聞いて仮説を絞っていったところまではうまくいっていたんだから，ちょっと視点を変えて，この仮説を別の方法で確認してみたらどうだろう．たとえば，本当に経済学部の学生数が多いのかとか，法学部の卒業生は本当に公務員になる場合が多いのかとかさ．直接の証明にはならないけれど，まあ状況証拠を集めていくという感じかな．直接本人に聞いて確認するというのがうまくいかないなら，まずは脇を固めていくのがいいんじゃないかな．

そうか……，庄太くんたちはまた少し光が見えてきたように感じた．

書かれたものはないか

そこで，庄太くんたちは聞き取り調査から得た仮説にもとづいて，それを傍証するような事実を資料で確認していくことにした．書かれた資料として，少しでも関連するような事実を示したものを探していったのである．たとえば，自分の大学の学部ごとの定員と学生数，日本の大学全体でのそれぞれの学生数，学部ごとの受験生の数，就職率や公務員になる人と民間企業に入る人との比率，さらには予備校関連の資料の中に，学部ごとに志望動機を調

べた調査結果などが見つかった．調べていくう
ちに，庄太くんたちは書かれた資料というのは，
見つかればそれなりに確実なデータになること，
でもなかなかぴったりの資料がないことなどに
気づいていく．そして，慣れてくると，かなり
信頼できるものとそうでもないものとの区別も
つくことがわかってきた．インターネットを使った資料の検索は，
お手軽で便利なことは便利だけれど，いざ最終的に根拠となって
いるものを確認しようとすると，なかなかむずかしいこともわか
ってきた．根拠をちゃんと示してくれているホームページもあれ
ば，次の日にはもう消えてなくなってしまうサイトもある．ホー
ムページ上のデータに関してはいくら確認した日付を示したとし
ても，最終的にはその根拠となった書かれた資料を検討しない限
り，安心して使用できないようである．

　そうやって調べていくうちに，自分たちの仮説を確認するうえ
でもっとも使えるのが，予備校がよくやっている類いのアンケー
ト調査の資料であることがわかってきた．「志望する学部を選ん
だ理由」とか，「何を参考にして志望する学部を決めましたか」
という質問への回答を集計した結果である．たとえば，「将来，
つきたい仕事との関係で」という理由で選んだ人には，法学部や
工学部を選ぶ人が多いとか，「興味のある学問がしたいから」と
いう理由は文学部を選ぶ人に多いとか，さらに興味深いことに，
つきたい仕事ではなく，ただ漠然と「就職に有利だから」とか，
「なんとなくみんなが行くから」という理由で経済学部を選ぶ人
が多いという結果が見つかったりした．喜び勇んで担当教員に報
告すると，いい資料が見つかったね．でもこれならいっそのこと

同じような調査を自分たちでやってみたらどうだい．その方が直接確認することができるよ．ただしその場合は，以前にやったみたいに手当たり次第というわけにはいかないんだ．ちゃんとサンプリングというのをやらなければならない．きちんとした調査票も作らなければならない．いわゆるサーベイ調査の方法だね．一般にはアンケート調査なんていってるけどね．そうだ，他のグループもそういう段階になっているから，来週はサーベイ調査の方法を紹介しよう．調査票の作り方やサンプリングの仕方を解説してあげるよ．

こうして，最初はとても質問紙調査などできそうになかった庄太くんたちの調査テーマが，他のグループと同様に，社会調査らしい形態をとることになっていったのである．

アンケートに挑戦

サーベイ調査の方法については，調査実習に先立って受講しておかなければならない社会調査法の授業でも教わったおぼえがあったが，そのときは何がなんだかわからなかった．ところが，今回の担当教員の説明は苦もなく理解できた．きっと予備校のアンケート結果の集計などを見ていたので，具体的にどんな質問文で，どんな回答選択肢を選ばせることで，何がわかってくるかということがイメージできたからだろう．また，以前はこんな一面的な質問で何がわかるのかなあと思っていたことについても，それぞれが適当に聞いてきて結局はっきりした傾向を見出せなかった聞き取り調査の経験があったので，誰が聞いても同じ回答が得られ，大量に調査できること，さらには量を集めるため，個々の回答結果の偏りは誤差の範囲として無視できることなどの説明が，以前

よりもすんなりと理解することができた．そしてなにより，無作為抽出によるサンプリングを行うことで，母集団全体の傾向を確認できるという代表性の問題が，大変魅力的に思えたのである．

　ところが，それからが大変だった．予備校の資料にあるような質問文を考えるところまではすんなりと作業が進んだのだが，肝心の「気質」をどうやって測定するかが問題で，心理学の測定尺度には自分たちが想定しているようなものは見当たらなかった．そもそも「気質」などという漠然としたものを測ろうというのが間違いだったのか，ここでまた最初にぶつかった，既存研究がない研究テーマを選んだことの困難が舞い戻ってきた．結局，思い当たる特徴をいくつか例示した質問文を用意して，自分で当てはまると思うかどうかを応えてもらい，全体として自分の気質は○○と思うかと直接聞いてしまうというかたちをとらざるをえなかった．さらに，サンプリングをして大量に集めるといっても調査実習では限界があるので，学部ごとの気質の違いについては，自由回答欄を設けて具体的な意見を書いてもらうという，サーベイ調査というよりも，本来の意味でのアンケートに近いものになってしまった．

　それでも，集計結果はそれなりにおもしろいものだった．少なくとも，学部ごとにその分野を選ぶ背景やねらいが異なることだけは，きちんとデータとして確かめることができた．したがって，それに対応して気質も異なっていると推測できるが，その気質の違いそのものをうまく測定することはやはりできなかった．人によってその評価や印象はずいぶん違うようで，どうもそのあたりがうまく統制できな

かったようだ．苦し紛れの自由回答も，結局は最初に手分けをして集めた聞き取り調査の集計のときとあまり変わらない結果だった．

こうして，庄太くんたちの1年間にわたる調査実習は幕を閉じることになった．

当然のことながら，ここで紹介した調査実習の記録は，まったくの作り話である．とりわけ経済学部の方々には，大変失礼な話をしてしまった．お許し願いたい．しかし，この作り話の中には社会調査の基本的な原理がすべて詰まっている．次節からは，それをひとつひとつ解説していくことにしよう．

社会調査の原理──知らないから教えてもらうということ

本章の冒頭で，社会調査の基本的な原理は，知らないことを知っている人に教えてもらうことだと述べた．これについては，いくつか疑問をもつ人もいるかもしれない．誰かがすでに知っていることを改めて調べる必要があるのだろうか，そんなことが学問といえるのだろうか，知っている人に教えてもらうだけなら社会調査のどこに科学としての専門性があるのか，という疑問である．これらの点について2つほど確認しておきたい．

まずひとつは，まさに知っている人にわざわざ教えてもらいにいかない限り，いいかえれば，わざわざ教えてもらいにいく営みが特別の技術として成り立つほどに，われわれが身近な誰かの生活を知ることができなくなったという現実の存在である．第1章で，不特定多数の人々の動向がわからなくなった近代という時代

に，社会学や社会調査が成立したと述べたが，それは要するに，資本家や中間層にとって労働者の生活がわかりにくいものになったという階層的な分化や，社会の複雑化＝断絶が生じたということである．みんなが同じように生活し，誰でもそれを知っている段階では，当然そのような営みは特別の技術とはみなされない．この意味で，人類学者が行うフィールド・ワークと事情がよく似ている．異質な世界が存在するからこそ，そこへ行って話を聞いてくるだけで，それがひとつの技術として認められるのである．

　しかしそれは，覚悟を決めて異質な世界に飛び込めば，誰にでもできることである．つまり，それ自体は何ら専門性をもたないということを，もうひとつの点として指摘しておきたい．人に教えてもらうことは誰にでもできることであって，社会調査の専売特許ではない．事実，ルポライターやジャーナリストの方がよっぽどうまく調査を行うことがある．それゆえ，社会調査の専門性はこれとは別のところにある．確かに，聞き取り調査やインタビューの段階ならば誰にでもできるが，サーベイ調査にはそれなりの専門知識が必要だという意見もあろう．そのため，世の中に出回っている社会調査のテキストや一般の理解では，社会調査＝サーベイ調査という傾向が強いのである．しかし，これとて大した専門性ではない．事実，それだけなら調査会社の職員や統計学者の方がよっぽどよく知っていて，大学の社会学者など何の専門性ももっていないということになってしまう．

　むしろ，社会調査の専門性は次の点にある．すなわち，誰でもやっている，知っている人から教えてもらうという営みを，3種類のデータのとり方それぞれの特質を理解しつつ行い，誰もが納得できるという意味で「客観的な」資料批判をふまえて誰も知ら

ない知見に到達するという，そのデータ分析上の能力である．当事者からデータをとりつつ，当事者は知らない事実を突きとめる，その能力に社会学者や社会調査の専門性がある．

　そして，この3種類のデータのとり方が，聞き取り調査，文書資料の分析，サーベイ調査の3つということになるのだが，それぞれについて解説する前に，もうひとつ原理的なことについて確認しておきたい．よくサーベイ調査などにたいして，あんな形式的な質問の回答を集めたところで，いったい何がわかるのかという人がいる．また，そういう人の一部には，聞き取り調査ならばまだ少しはましだという意見の人もいる．さらに，たとえ面と向かって聞き取ったところで，本当のところは誰にもわからない，社会調査のデータなど当てにならない，はては，そもそも社会科学において客観的な真実などないのだという哲学的な話にすらなることがある．そこで，社会調査のデータはいったい何を示していて，原理的にいってその分析は何をしていることになるのかという点について考えてみたい．

　本当かどうか，真実かどうかは誰にもわからない．ただ対象にたいして何らかの働きかけをしたときに返ってくる反応があって，それがデータになる．このデータから調査者は対象について何らかの判断をするのである．この働きかけの仕方と反応の記録の仕方に3つの種類があって，3種類のデータがある．この3種類の方法とデータを組み合わせて，誰もが納得できるという意味で「客観的」で妥当な判断をするというのが，社会調査がやっていることである．ただそれだけであって，それ以上でもそれ以下でもない．対象について本当のことがわかるとか，真実はどこにあるかを問う必要はとりあえずない．それらは外的に確認できた指

標としてのデータから判断するしかなく,ただその収集の仕方と推測の手続きが妥当であるかどうかだけが問題なのである.結果が真実か否か,そもそも真実が存在するか否かを問うのは,別のレベルの問題である.

　というと,社会調査はずいぶんといいかげんなものと思われるかもしれないが,実はわれわれの日常的な社会認識や他者理解はすべてその程度のものなのである.「好きだ」と言ってくれたからそう信じたり,いくら口ではそう言われても信じられないことがあるのは,すべて日頃のふるまいなどさまざまな徴候から総合的に判断してのことである.人々はそうやって真実の存在を確信することもあれば,確かなものなど何もないと判断することもある.つまり社会調査は,われわれの少なくとも日常レベルでの社会認識に相即した存在論的な前提に立っている.ゆえに,少なくともそのレベルでの認識においては十分な根拠をもち,そのレベルで誰もが妥当と判断できるという意味で「客観的な」事実の存在を証明できるのである.つまり,実践的・現実的なレベルでの方策を議論するには,十分な根拠をもちうるということである.

　さらに重要なことは,社会を認識する原理としては,われわれの日常的な営みも,社会調査の3つの方法もすべて同じだということである.いずれにおいても,主体による対象への働きかけに関する対象の反応についての主体の側の理解によって事実が認識される,いいかえれば,現実が構成されるということである.この意味で事実の認定は,対象の側に客観的に存在する事実の単なる反映ではなく,主体の側の働きかけとそれにたいする反応の解釈の仕方に依存する.よくインタビュー・データが話し手と聞き手の「共同作品」といわれるのは,そういう意味である.そして,

そのことは聞き取り調査だけではなく，質問紙によるサーベイ調査のデータにおいてもまったく同じなのである．面と向かった聞き取り調査だから確かなわけではない．そこでも質問の仕方と解釈の仕方が問われるのである．また，サーベイ調査だから不確かなわけでもない．それが質問にたいする応答である限り，何らかの解釈が可能な，同じだけの価値をもったデータなのである．

　以上の原理的な理解をふまえて，次にそれぞれのデータのもつ特質について検討していきたい．

聞き取り調査によるデータ

　聞き取り調査とは原則として，フェイス・トゥー・フェイスの状況で行う調査であり，ヒアリング調査とか，インタビュー調査ともいわれるものである．参与観察などにもとづく事例研究も，ここではこれに含めておく．なお，「観察」を主としたフィールド・ワークなどの社会調査には，さらに細かな方法論があって，別に独立したテキストが必要になる．それは人類学ないし民族学におけるエスノグラフィー（民族誌）の方法である．ここではそれに限定せず，それもひとつの方法として活用していくようなタイプの社会調査を問題にしたいので，それらを広い意味での聞き取り調査にすべて含めておきたい．それゆえ，ここではヒアリング，インタビュー，観察などをほぼ同じ位置づけで相互に区別することなく用いるが，できる限り聞き取り調査という表現で統一しておきたい．社会調査の用語ではないが，ジャーナリストが行う「取材」も，実質的には同じものである．

　ちなみに，ジャーナリストやルポライターの仕事と社会学者の

行う調査研究はどこが違うのかという人がいるが，正義を追求する報道と科学たらんとする学術研究との違いがあると考えておけばよい．実質的にどこが違ってくるかというと，対象者との関わり方が異なってくる．ジャーナリズムは最終的に正義を掲げて対象者の良心に訴え，たとえ対象者の不利益になったとしても証言をとるのが仕事である．それゆえ取材源は秘匿されねばならないし，報道は衝撃的で即効性はあっても，どこかうさん臭いところが残る．これにたいして社会調査は，対象者が自発的に話してくれることしかデータにしない．したがって，第4章で詳しく検討するが，対象者にとって都合の悪い，しかしもっとも重要な事実は決して語られることはない．それでも，そうやって得られたデータから，もし誰も語らない事実の存在が証明できたとすれば，その事実は報道以上に多くの人々を納得させ，長期的な意味での対応を促すことができる．それが学術研究としての信頼性なり，客観性なのである．しかし，それはあくまで最終段階での違いであるから，技法としてはほとんど違わないと考えてよい．互いに参考にすればよいのである．

　さて，聞き取り調査の一番の特長は，その情報量の多さと臨機応変に対応できる柔軟性の高さにある．面と向かって会話するわけであるから，そこで得られるデータは決して対象者の発する言葉だけではない．表情や話し方，間のとり方までその場で確認できるのである．さらに，対象者の自宅を訪ねる場合，部屋の様子や相手の服装まで，理解のためのデータとすることができる．よく録音はした方がいいんですかと聞く初心者がいるが，私はあまりお勧めしない．聞き取り調査は相手の言葉だけではなく，その場のすべてを感得することが重要であるから，メモすらもとらず

にその場の印象を脳裏にたたき込むことに集中した方がよい．詳しくはまた第4章で述べるが，安易に録音してテープ起こしに熱心になるのは，効率的でもなければ，データの扱い方としても決して適切とはいえない．

　2つめの柔軟性の高さについては，情報量の多さとも関連するが，適切でない聞き方をした場合にはすぐそれとわかるので，すかさず聞き方を変えて対象者が応えやすいように，その場で調整ができる点が重要である．この点が，とりわけサーベイ調査の定型化された質問文と比べて，聞き取り調査の確からしさの根拠とされることが多い．しかし，これは本当は正確ではない．単にその場での調整が可能なだけで，あくまで調査者がこう聞いたからこう応えたという点では，質問紙調査とその構造は同じであって，ただ対象者にとって意味のある聞き方が確実にできる，というだけの話なのである．したがって聞き取り調査は，何かを正確に検証する方法というよりも，対象者にとって何が意味のあることなのかを見極める局面で力を発揮する方法なのである．

　そこで，次に聞き取り調査の弱点について述べるならば，よく指摘されるのは事例のもつ代表性が保証できないという点である．しかし，実はこの点はあまり本質的ではない．むしろ，現場に調査者本人しかいないために，聞き取り調査によるデータの信頼性や妥当性を，その場にいなかった他の人々が検討できないという意味で，「客観性」をもちえないことが問題なのである．やはり第4章で詳述するが，調査者個人にとっては，聞き取り調査の場面こそが，事実はこうであると確信することがもっとも多い瞬間である．しかし，その確証はあくまで対象者と調査者のフェイス・トゥー・フェイスの局面でのみ生じたもので，これをその場

に居合わせなかった誰かと一緒に検討することはむずかしい．それゆえ聞き取り調査は，対象についてのおおまかな感触をつかんだり，仮説や示唆を得るのに適した方法なのである．貴重な発想やインスピレーションを得ることはできても，他人が納得できるという意味での「客観的な」確証を得ることは，むずかしい方法なのである．そのため，サーベイ調査を重視する人は，聞き取り調査などによる事例研究を，予備調査とよぶことがある．ここでは，たとえ予備調査とよぶにしても，社会調査の方法として，決して劣るものではないことを確認しておこう．それらは単に方法として，それぞれの長所・短所をもつだけなのである．

　さらに，対象の代表性が保証されないという点を補うために，事例をある程度大量に集めようとする人がいるが，これもあまり意味がないことを指摘しておきたい．対象の数がそもそも少なく，全数調査が可能な場合は，すべてを事例として聞き取り調査を行うことには，それなりの意味があろう．しかし，サンプリング調査でしか代表性がとらえられない大量現象については，たとえ200，300集めたとしても，無作為抽出でない限りは，何の意味もない．むしろそれだけ集めることで，かえって事例研究としては，処理がむずかしくなったり，魅力の乏しいものになるのがおちである．この意味で，聞き取りを中心とした事例研究は，数が少ないのがむしろ長所であるので，それを生かすことを考えた方がいい．代表性の問題には，むしろ別の方法によって対処すべきなのである．

　しかし，知らないことを知っている人に教えてもらうという，社会調査の原点としては，この聞き取り調査が基本である．それゆえ，他の2つの方法は聞き取り調査の2つの弱点——第三者

が確認できないという点と代表性が確保できないという点——を補うものとして位置づけることができる.

書かれた資料というデータ——文書資料, 文献資料, 統計資料

次に問題にしたいのは, いわゆる文書資料による分析で, より正確に表現すれば, 書かれた資料にもとづく調査研究である. 具体的には文書資料, 既存研究としての文献資料, さらには官庁統計などの既存統計資料も, これに加えておきたい. 以下, 文書資料という場合, これらの書かれた資料のすべてを含む意味で用いる.

社会調査のテキストで, このような文書資料による分析を, ことさらに位置づけているものは少ない. そのことが, いわゆる質的調査と量的調査をうまく関連づけることができなかった理由なのである. 実際の調査研究の過程では, 文書資料の分析は非常によく用いられる. しかし, そのデータとしての位置づけがあまり真剣に考えられてこなかったことが, 調査研究のトータルな過程を, 全体として方法論的に論じることを妨げてきた. その結果, いわゆる質的調査と量的調査が互いに対立するものとみなされたのである. 書かれたデータというのは, 自由に聞き取ったデータと, 質問紙というかたちで標準化して聞き取り, それを文書化したデータの中間に位置するものであり, それゆえ, 聞き取り調査とサーベイ調査を連続的に理解できるようにするものなのである.

つまり, 書かれたデータとは, 誰かが実際の社会過程において知っている, あるいは知ったことを, 何らかの形で文字に書き留めた資料なのである. 聞き取り調査の結果も, それを文字化する

ならば，それは書かれた資料になる．もっといえば，サーベイ調査のデータも特殊な仕方で文字化＝記号化＝数値化されたデータなのである．聞き取り調査が，記録される前の生の社会過程そのものであるのにたいして，サーベイ調査は，その社会過程を一律に統制するやり方で記録させる方法であり，書かれた資料の分析は，さまざまなやり方で生の社会過程を切り取るという意味で，その中間に位置するのである．

さて，それではこの書かれた資料の分析は，他の2つの方法と比べて，どのような長所と短所をもっているのか．まず，聞き取り調査においては，その場に居合わせた人にしかデータとしての分析が可能でないのにたいして，文書資料は，書かれることによって，その場を越えてあらゆる人に分析可能なデータになるという点があげられる．このことは，2つの意味で重大である．ひとつは他人が得たデータが利用可能になるわけだから，あの事例研究の宿命ともいえる，量的な制約を越える可能性をもつ．ひとりで集めることのできるデータには限りがあるが，他人が同様のデータを文書化していれば，それを利用することで，容易にその量的な全体状況を知ることができるかもしれない．既存統計資料にちょうどよいものがあれば，サーベイ調査以上に，その全体的な位置づけを明らかにできる場合すらある．聞き取り調査によって，事例を大量に集めることにさしたる意味はない，と先に指摘したが，それは同じことが，文書資料によって，より以上に可能になる場合があるからである．

もうひとつ，実はこちらの方がより重大なのだが，書かれた資料になることによって，資料批判がある程度可能になるという点がある．その場に居合わせる人の少ない聞き取り調査のデータは，

その信頼性や妥当性を第三者が検討できないという弱点をもっていた．ところが，これがいったん文書として記録されれば，第三者が，その信頼性や妥当性をある程度検討できる余地が生まれる．どういうことかというと，文書として記録が残されるということは，誰が，どんな意図で，その記録を残したかということを，誰もが検討できるという意味で，「客観的」に確認できるようになることを意味する．このことが，データとしての「客観性」を飛躍的に高めることになる．具体的に，それがどのように可能になり，どんな技法が存在するかについては，後の第5章に譲るが，たとえば，エンゲルスが政府の報告書を利用する際に考慮した原則（p.5・6参照）などがそうである．もちろん，そこでいう「客観性」にはやはり限界があって，サーベイ調査の方がより厳密な検討が可能である．少なくとも聞き取り調査よりは，第三者による確認が，いくらか可能になるという程度のことである．同様に，先に指摘した量的な代表性の確認という点でも，やはりサンプリング調査ほど厳密に評定することはできない．自分ひとりで大量に事例を集めるよりは，コストが少なくてすむというだけのことである．この意味でも文書資料の分析は中間的な位置づけをもつわけである．

　第5章でも述べることになるが，この文書資料の取り扱いについては，社会調査の技法というよりも，むしろ，歴史学における史料批判に学ぶところが大きい．実際のところ，社会調査の方法としての文書資料の分析手法は，十分に整備されているとはいえない．しかしながら，これまで述べてきたことからもわかるように，文書資料の収集と分析は，社会調査においてもっともよく用いられると同時に，きわめて有用な方法である．他の2つの方法

に比べると，図書館に行くだけで実行可能なところがあって，データ収集のコストが低いという点も大きなメリットであろう．まだまだ未整備とはいえ，社会調査のひとつの有力な手法として，書かれた資料の分析を位置づけることは重要なのである．

サーベイ調査によるデータ

最後に，サーベイ調査のデータについて述べておきたい．サーベイ調査のデータとは，厳密にいうと，「母集団にたいする代表性を考慮した比較的大量のサンプルについて，標準化された質問文と回答選択肢からなる質問紙を用いて測定，数値化されたデータ」である．よく「アンケート」とか「アンケート調査」とよばれるが，正確な用法ではない．アンケート調査とは本来一部の有識者に意見を求めるもので，自由回答を主とする質問紙調査のことを意味する．英語では「survey」もしくは「statistical survey」というので，ここでは「サーベイ調査」としておく．もっとも早い時期に米田庄太郎という社会学者が「社会測量」と訳していたが，日本語としてはこれが一番正確であろう．

さて，このサーベイ調査の厳密な定義には，その前段と後段で2つのポイントがある．ひとつはサンプリングを前提としていることであり，もうひとつは質問紙が用いられることである．それゆえ，「統計調査」とか「質問紙調査」とよばれることも多い．しかし重要なのは，両者が相まってサーベイ調査になるということである．

いわゆる統計調査は，たとえば工場の不良品率を推定する場合などもそうよばれるので，本来もっと広い意味の言葉である．社

会調査だけがサンプリングや統計的検定を用いるわけではない．むしろ医学などの他分野の方が，統計調査という意味ではより厳密である．社会調査の場合は，やむをえず正式の統計調査とはいえない場合（たとえば，全体を網羅した台帳がないために，適当に対象者を選んだような場合）も含めて，サーベイ調査の方法が適用されることが多い．そのため，ここではあえて「母集団にたいする代表性を考慮した」というあいまいな表現を用いている．詳しくは第6章で述べることにしよう．また，代表性が問題になるということは，対象となる母集団は数え切れないほどの大量現象であり，ここからサンプリングをしたとしても，それなりに大量のデータになってしまうという意味で「比較的大量のサンプル」という表現を用いている．

　次に，後段の質問紙を用いるという点は非常に重要である．とりわけ，決まり文句のように標準化された質問文にたいして，やはりいくつかの標準化された回答選択肢の中から，あえてひとつだけ選んでもらうという点が，決定的に重要である．それゆえ，「質問紙調査」という言い方もされるわけで，同時に，だからサーベイ調査は当てにならないとよく指摘される部分でもある．そんな通り一遍の聞き方で，しかも，限られた選択肢しかないような調査で，本当のことがわかるかと非難されるのである．このことは，対象者にとって適切な質問文と選択肢になっているか，という意味での批判である限りは正しいだろう．それには，より適切な質問紙を作るために，事前に聞き取り調査やプリテストを重ねるべきだと答えておこう．しかし，それがもし定型化された質問紙では，真実が歪められるという意味だとすれば，たとえ聞き取り調査であっても，同じ意味で真実はつねに歪められているの

だ,と答えておきたい.

　すでに詳述したように,社会調査は,いやわれわれが社会を認識する営みはすべて,対象にたいする何らかの働きかけに関する,対象の側の反応をデータとして考察するというものであるにすぎない.誰も,対象に関する真実を,直接とらえることなどできない.だから,そのデータを得る方法に異同があるだけで,どんな方法も特権的に真実に近いとはいえないのである.聞き取り調査は適切な質問の仕方をリアルタイムで調整でき,相手の回答を丸ごと記憶できるだけであって,たとえば,それが最終的に,ある類型的な回答として理解されれば,標準化された回答選択肢を選ばせることと同じくらい,「真実を歪めた」ことになる.重要なのは,それぞれの方法で得られたデータの長所と短所をよくわきまえて,総合的に真実に近づこうとすることである.母集団への代表性を重視して,ある程度の数を集めようとするサーベイ調査の場合は,質問紙によって,対象者への働きかけがきちんと標準化されていることがなにより重要である.これを崩したのでは,サーベイ調査のデータとしての長所が生かされない.それゆえ,よく行われることではあるが,安易に「その他」という選択肢を設けたり,自由回答欄を設けるのは正しいやり方ではない.また,集計の都合からいって,複数回答(マルチアンサー)というやり方も,あまり用いるべきではない.詳しくはまた第6章で論じることにしよう.

　サーベイ調査の定義について細かく説明することで,すでにその強みと弱みが,かなり明らかになってきたと思う.確かに,サーベイ調査は紋切り型の質問文を使うために,きわめて一面的なデータしか得ることができない.したがって,質問文と選択肢の

構成が適切であるかという，信頼性と妥当性の検討がきわめて重要なのである．だから，準備として，十分に聞き取り調査による事例に当たっておく必要がある．聞き取り調査の経験こそが，その情報量の多さと柔軟性ゆえに，それらの検討にもっとも適しているからである．サーベイ調査の側から，事例調査がしばしば予備調査とよばれるのは，このためである．

　他方，サーベイ調査の強みは，なんといってもサンプリングによって代表性を評定しうるという点にある．もっとも単純にいえば，全体的な分布を知ることによって，特定の事例のもつ位置づけを明らかにできるということである．これは聞き取り調査によって事例をいくら集めたとしても，決して達することのできないことである．

　以上のことから，聞き取り調査にもとづく事例研究と，サーベイ調査による統計的な研究は，まさに互いに補い合う関係にあることがわかるだろう．これを単純に質的調査と量的調査といって対立的にとらえたり，両者の統合はむずかしいなどと論ずることが，いかに不自然なことであるかが，理解できると思う．

　ところで，ここで代表性を評定できるといっているのは，単純に代表性をもつという意味ではない．この点は，サンプリングと統計的検定の原理を説明する際に詳述するが，書かれたデータの分析が，資料批判が可能になる点で優れていたのと同じように，サンプリングは，母集団を反映しているから優れているのではなくて，どの程度母集団からずれているかが，批判的に検討できる点が優れているのである．他に細かなことをいえば，サーベイ調査の強みは，全体的な分布を確認できることに留まらない．うまく使えば，さらに有用かつ画期的なことができるのだが，この点

についても第6章で論じることにしたい.

社会調査の3つの方法

以上,社会調査の3つのデータないし方法におけるそれぞれの特徴について説明してきた.要点をまとめるならば,次のようになる.

(1) 社会調査とは,現実の社会過程にたいして,調査者が何らかの働きかけをすることで得たデータを通して,現実の社会過程の背後にある事実とその意味合いを知ろうとする営みである.

(2) その働きかけの仕方と,そこで得られたデータの扱い方に応じて,3種類の方法が区別できる.それらのデータや方法は,いずれも同じ原理に従っていて,同じ価値をもつが,それぞれに異なった特質をもつ.

(3) 聞き取り調査や参与観察にもとづくデータは,調査者が直接に現実の社会過程の中で経験したものであり,その信頼性や妥当性を第三者が確認しえないという意味で,客観性に乏しいが,情報量の豊富さと柔軟性の高さに,その特長がある.

(4) 書かれた資料にもとづくデータは,書かれることによって,第三者にも利用が可能になる量的な拡張性と,ある程度の資料批判が可能になる点に大きな特長があるが,それぞれの側面で,他の2つの方法に及ばないという中間的な位置づけをもつ.

(5) サーベイ調査にもとづくデータは,全体にたいする代表性を評定しうる点に最大の特長があるが,情報量が少なく柔軟

性が低い点で，他の方法に頼らざるをえない性質をもつ．
(6) 社会調査においては，これら3つの方法やデータの特質を知り，いかに組み合わせてこれらを用いるかについての技法を学ぶことが，もっとも重要なのである．

　最後に，ひとつだけ付け加えておけば，聞き取り調査と文書資料の分析は，いずれも比較的コストのかからない方法である．これにたいしてサーベイ調査は，かなりの費用と人員を必要とする．だから，現実の社会調査の多くは，最初の2つの方法をまず活用するのが一般的であり，最後の段階でサーベイ調査を用いるのがより現実的である．また，調査の目的によっては，サーベイ調査を必要としない場合も多いと考えてよい．

　次章では，そのような具体的な調査の進め方について述べていくことにしたい．

第3章
社会調査はどうやってやるか

　ここまでは,社会調査の歴史と基本的な原理について確認してきた.これで社会調査がどのような技術であり,どんなことができるかが,理解できたであろう.しかし,まだそれは単なる考え方にすぎない.実際に社会調査を今すぐ始めたい人にとっては,心構えができただけで,実際にどうやるかはまだよくわからないだろう.

　そこで,本章では細かな手法の解説に入る前に,社会調査の基本的な進め方と実際の手順を,具体的な事例にそってシミュレートすることで,まずは全体的なイメージをもってもらいたいと思う.と同時に,具体的に社会調査が明らかにできることや,第2章で強調した社会調査の3つの方法を,具体的にどんな手順でどのように組み合わせて用いるかについてのイメージをもつことができるであろう.

社会調査の手順と過程

　まず，一般的な社会調査の手順について確認しておこう．標準的な教科書ではだいたい次のように説明されている．
(1) 問題の設定
(2) 仮説の構成
(3) 調査の企画
(4) 調査の実施
(5) データの分析
(6) 知見の整理
(7) 報告書の作成

　この程度の説明ならば，誰も異論はないだろうし，確かに間違いではない．しかし，教室で話を聞くだけならそれでよいかもしれないが，実際に調査をしようという人にはあまり役に立たない．そこで，少なくとも2つの点を補足しておきたい．ひとつは，これはあくまで論理的な順序であって，実際の社会調査の過程は，つねにこれらの段階を行ったり来たりするということである．もうひとつは，とりわけ「(3) 調査の企画」という段階で，いったいどうすればよいかが示されていない点が問題である．多くの社会調査のテキストは，サーベイ調査の方法だけを扱っているので，この段階は母集団の設定の仕方や調査票の設計などに当てられていて，実践的にはほとんど得るところがない場合が多い．しかしこの段階でこそ，調査目的を達するために3つの方法をいかに組み合わせるかという，「方法の選択」が語られるべきであり，本書ではここが主題となる．この点についての詳しい説明は，次節

に譲ることにして，まずはひとつめの点から始めよう．

　実際の社会調査の過程は，それぞれの段階を行ったり来たりする，という点でいえば，実践的にとりわけ問題になるのは，「(2)仮説の構成」である．調査の企画や実施に先立って，しっかりした仮説がなければならないと考えてしまうと，調査はできなくなってしまう．かなり慣れた研究者でも，初めのうちは漠然とした想定から始めて，ずっと後の段階で仮説を固めることの方が一般的である．実践的には，むしろ仮説を固めていくために企画して実施すべき調査と，仮説が固まってからやるべき調査を，区別することの方が重要である．さらに，徹底した調査研究ならば，仮説に反した知見が出た瞬間に，そもそもそのような問題設定そのものに意味がなかったのではないかと考え，もう一度問題を設定し直すということすらある．いずれにせよ，社会調査の手順とは，あくまで論理的な順序を示したもので，実際の調査の過程は，それらの段階を状況に応じて行きつ戻りつするということを，改めて確認しておきたい．

　そして，この手順という点で，3つの方法の活用の仕方のアウトラインだけを示しておくと，次のようになる．サーベイ調査を早い段階でやるのは，愚の骨頂である．なぜなら，適切な質問文と回答選択肢を用意するためには，対象についての質的な理解にもとづく明確な仮説が不可欠だからである．それゆえ，サーベイ調査は，問題と仮説が明確になった，最終段階で活用すべき手法なのである．しかも，サーベイ調査の実施には，多額の予算と人員と手間がかかるので，その実施の決断には十分慎重でなければならない．ところが，一般にはサーベイ調査こそが社会調査と思われていて，調査をやるとなると，まずこの予算を初年度につけ

てしまうことがあるので,せっかくの予算と調査が,何の成果も生まないということが,意外なほど多いのが実情である.予算さえあれば,何の準備もなくても,調査会社がサーベイ調査を実施だけはしてくれるという状況が,このような傾向に拍車をかけている.スポンサーにはよく事情を説明して,少なくとも最初の1年は調査の準備のために低い予算を当ててもらい,そのうえで次年度以降に,サーベイ調査のための十分な予算を組んでもらうようにすべきである.専門の研究者ならば,最初のうちは手弁当で準備をしておき,いつサーベイ調査の予算がついてもよいようにしておくべきなのである.

これにたいして,書かれたデータの分析や聞き取り調査は,むしろ課題や仮説がまだ明確でない段階でも活用可能な方法であり,とりあえずやってみることで,それらがより明確になることがあるし,万一徒労に終わったとしても,それほどコストの大きいものではない.つまり,仮説を固めていく段階で活用すべき方法なのである.

そこで,本節の冒頭にあげたものよりもう少し細かく社会調査の手順を示すと,以下のようになる.

(1) 問題の設定
(2) 文書資料や簡単な聞き取りによる仮説の検討
(3) 調査の企画=方法の選択と戦略的な配置の決定
(4) 聞き取り調査にもとづくデータの収集と分析
(5) 書かれた資料にもとづくデータの収集と分析
(6) サーベイ調査の企画,実施,分析
(7) 知見の整理
(8) 報告書の作成

基本的な流れは変わらないし，状況に応じて前後することも変わらない．重要な点は，文書資料の検討や簡単な聞き取り調査は，課題や仮説を検討していく過程でも用いられるという点，それらがある程度固まった時点で，3つの方法をどういう順序で用いるかという戦略的な判断をするのが調査全体の企画である点，サーベイ調査は最終的な段階で企画・実施すべきものである点，などである．とりわけ，(3)の方法の選択と配置という意味での調査の企画がもっとも重要な側面であり，ここでそれぞれのデータの特性に応じて，調査目的をもっとも効率的に達成するための順序と組み合わせ方が工夫されなければならない．それでは，次にその詳細について論じていきたい．

3つの方法をどう組み合わせるか

　3つの方法の組み合わせ方は，それぞれの方法の特性に依存する．まず，この点での聞き取り調査，文書資料，サーベイ調査の位置づけを確認しておこう．この3つの方法は，この順番である極端からある極端へと移行する．正確さを少し犠牲にして，直感的にわかりやすい表現をあえて用いるならば，「真実み」と「確からしさ」とでもいえばよいだろうか．「真実み」は聞き取り調査においてもっとも高く，サーベイ調査においてもっとも低い．逆に，「確からしさ」はサーベイ調査においてもっとも高く，聞き取り調査においてもっとも低い．書かれた資料にもとづく調査は，いずれもその中間に位置する．

　ここでとりあえず「真実み」と表現しておいたのは，対象についてのトータルな認識を，主観的ではあれ，臨場感をもって感じ

られる可能性という意味である．聞き取り調査の現場は，少なくともそこに立ち会った人間にとっては，「真実はそうであるに違いない」と感じる可能性がもっとも高い場面である．多くの調査研究者は，当該調査の基本的な発想や知見を，聞き取り調査の現場で思いつくのが一般的である．したがって，調査者個人としては，その瞬間に調査における発見は終わってしまうといっても過言ではない．それゆえ，現場を少し視察したり取材した理論家や評論家は，それだけで事態の本質をかなりの程度いい当てたりできるのである．いわゆる質的調査を重視するタイプの研究者が，サーベイ調査をあえて実施する必要を感じなくてすむのも，同じ事情からである．もし必要とするものがこの程度の「真実み」であるならば——ある個人の得た感触が，その本人が語る限りでもつ説得力の範囲で，人を納得させるだけで十分であるならば——，社会調査など必要はない．社会調査とは——社会調査者がやっていることの大半は——，そこで得た感触を他の方法を用いて，より多くの人々を納得させるだけの「確からしさ」で確認していくという，何の発見もない，手間がかかるだけの，地味な仕事を辛抱強く続けることなのである．それは，最初の捜査の心証で犯人を確信した刑事が，辛抱強く証拠を積み上げていく作業とよく似ている．もちろん，その後の捜査で初めの心証がくつがえされることがあるように，最初の感触で得たことがくつがえされることがある点も，同じである．

　それゆえ，聞き取り調査で得られた知見——これが仮説になる——を他の2つの方法で検証していくのがその次の作業であり，そこで問題になるのが「確からしさ」なのである．ここでいう「確からしさ」とは，対象に関する特定の認識が，誰にでも納

得できるようなかたちで確認できる可能性，という意味である．再三再四「誰もが納得できるという意味での客観性」という表現をとってきたことからもわかるように，ここで問題にしている「確からしさ」は，第三者が確認ないし再現可能という意味での「客観性」であって，絶対的に真実に近いという意味での「客観性」ではない．社会調査のデータは，直接に客観的な事実の存在を示しているかどうかではなく，誰もが同じように確認できる客観的な手続きを経ているかどうかが，問われるだけなのである．事実そのものの存在は，そのような手続きなしでも，主観的には確信できるものであるが，より多くの人を客観的に納得させようとするならば，必要不可欠な手続きというものが存在するのである．

　そのような意味での「確からしさ」は，サーベイ調査においてもっとも高い．なぜなら，サーベイ調査におけるサンプリングは，統計的な代表性を評定することができ，聞き取り調査で得た「真実み」が，どのような偏りをもったものかを「客観的」に示すことができるからである．また，質問紙というかたちで統制されたデータのとり方は，誰でも同じように再現ないし追認可能な「客観性」をもつ．しかし，それはあくまで代表性を評定し，再現が可能というだけのことであって，そうまでして確認した代表性や再現可能な事実が，「真実み」をもったものであるかどうかは，それ自体としては何ら保証されていないのである．書かれたデータについても，事情は同じである．ただし，データは書かれることで資料として「客観的」に検討可能なものになるが，サーベイ調査のように統制されているわけではないので，完全に再現可能なものではない．書かれた資料が大量に存在するならば，ある程

度の量的な見通しや代表性を問題にすることができるが，統計的な検定が可能なわけではない．しかし，少なくとも聞き取り調査よりは，「客観的」な評定が可能になるのである．また，詳細な記録が残されている場合には，サーベイ調査よりは直接にその「真実み」は感じ取れるかもしれない．この意味でやはり書かれたデータは中間的な性格をもつのである．

　さらに，3つの方法の組み合わせ方を考えるうえで重要なのは，それぞれの方法の実施にともなうコストである．実施のコストという点では，サーベイ調査がとりわけ多くのコストを必要とし，他の2つは比較的少なくてすむ．ただし，聞き取り調査でも，ある程度の数を組織的に集めようとするならば，かなりのコストを必要とするし，書かれた資料についても，高額の費用を要するものがある．逆に，サーベイ調査を郵送法で比較的簡便に行うこともできる．それゆえ，ケース・バイ・ケースではあるが，原則としてコストの高い方法は，成果をあげることができるかどうかがよくわからない，リスクの大きい段階では用いるべきではない．比較的コストの低い方法で探りを入れながら，確実な成果が見込める最終的な段階でサーベイ調査を行い，決定的な証拠をつかむ，というやり方が最善である．したがって，聞き取り調査や文書資料の整理を先行させ，最後にサーベイ調査を用いるのが一般的である．

　では，聞き取り調査と書かれた資料の分析，さらにはサーベイ調査とは，どのように相互補完的な用い方をするのが，適切なのであろうか．その詳細については，次章以下に譲るとして，ここでは全般的な原則を確認しておきたい．まず，調査の一番初めの段階で行うのは，文書資料の整理である．いきなり事情通に話を

聞くという手もあるが，やはり図書館で調べればわかるようなことは，自分で調べるべきである．当該の問題について，先行研究や参考になる調査などがあれば，読んでおくべきであるし，さらには国勢調査や自治体の統計書など，既存統計資料による概要の把握という作業も，その気になればかなりやっておけるものである．そのうえで，当該の問題や対象について詳しい人に，簡単な聞き取り調査を行うのがよいだろう．この段階では，聞き取り調査も文書資料も，どちらかといえば，対象についての感触をつかみ，解明するに値する課題や，検証するだけの価値をもった仮説を構成するための題材とする程度のものであり，何かを確かめるという意味での社会調査としては，まだまだ初期的な段階である．視察や下調べに近いものであると考えてよい．

そうして，課題や仮説が明らかになってきた段階で，まずそれらの想定を事実として確認していくための，もっとも効率的な手順を考えるべきである．戦略的な意味での「方法の選択」という段階である．この部分がもっとも重要である点については，前節で確認した通りである．これもケース・バイ・ケースではあるが，やはりまずコストという点で，聞き取り調査や文書資料を先行させるのがよいだろう．この2つの方法は，どちらが先というよりも，相互に関連させて用いることが重要である．たとえば，聞き取り調査の現場では，すでに述べたように，さまざまな発想やインスピレーションが得られる．しかし，大切なのは，そこで聞いたストーリーや仮説的解釈を裏づけられるような，文書資料の所在をあわせて確認しておくことである．これこれの記録があるとか，こういう政策文書が残っているとか，そういうことを聞き取り調査の対象者（インフォーマント＝情報提供者）に確認することが

肝要である．そのうえで，次に書かれた資料による確認を行うのである．他に，たとえば，ある時期に人口が増えたので，地域の社会関係が変わってきた，という話を聞いたなら，その後，実際にその地域の人口統計を整理してみることも必要である．そのことで，聞き取り内容の信頼性や妥当性が検証できるのである．

逆に，聞き取り調査の内容が書かれた資料によって否定される場合もあるが，やはり聞き取りは当てにならないと必ずしも悲観することはない．その場合も，むしろその食い違いを合理的に説明することで，より理解が深まることがある．たとえば，かつて企業城下町として栄えた町の元従業員に，大量のライフコースの聞き取りを行ったT. K. ハレーブンは，会社が倒産したのは，大規模なストライキが起こって少し後のことであったというのが客観的な事実であるにもかかわらず，多くの元従業員があのストライキで会社はつぶれたと語った事実を，ストライキの争点ともなった温情主義的な経営の廃止が，古い従業員にとってもった意味という点から解釈している（ハレーブン 1990）．従来のような労務管理のあり方にもとづく，労働者たちの関係が失われたことは，すなわち従業員たちにとっては，会社がつぶれたに等しい出来事であったというわけである．

このように，聞き取り調査の現場で語られたことや得られた発想を，書かれた資料で確認するという作業は，聞き取り調査の弱点を補強すると同時に，長所を生かす意味できわめて有効なものである．同じく，聞き取り調査や文書資料の分析とサーベイ調査の方法も，相互補完的なものである．すでに述べたように，サーベイ調査における質問票の使用は，対象にたいする働きかけを統制すると同時に，同じ聞き方にたいする大量の反応を集めること

を可能にする．そのことによって同じ質をもった回答を量的に処理し，代表性を評定する客観的な方法を実現する．それは文書資料でも完全には補完できなかった，聞き取り調査によって明らかにされた仮説の検証を，本格的に可能にするのである．同時に，サーベイ調査の質問紙による測定が本当に測りたいものを適切に測れているかどうかをもっとも確実に確認してくれる方法は，対面的な状況ゆえに保証される，聞き取り調査の情報量の多さと柔軟性の高さであることはいうまでもない．したがって，サーベイ調査における測定や尺度の妥当性は，たとえ少数の事例であっても，聞き取り調査によって補完されるべきなのである．

　他にも，聞き取り調査とサーベイ調査には，相互に補完的に用いることのできる側面が多い．いくつか具体的に列挙してみよう．ひとつは，あるタイプや類型の人々が，実際にどれくらいの比率で存在しているかという，全体的な分布を知りたいときに，まず，実際にどのようなタイプが検討すべきものとして存在しているかを，聞き取り調査による事例研究によって導き出す．そのうえで，それらの類型をもっともうまく切り分けることのできる，質問文と回答選択肢を工夫する．この測定や尺度の妥当性も，聞き取り調査で検討されるべきものなのである．聞き取り調査のデータだけが，サーベイ調査に耐えうる質問紙を作成できる，ほとんど唯一の根拠であることを理解してもらいたい．こうして作成された質問紙を用いたサンプル・サーベイの，ごく初歩的な単純集計結果こそが，当該のタイプが実際にどのような比率で存在しているかを，推定しうる唯一の方法なのである．もちろん，サーベイ調査で測定した他の変数との関連をチェックすることで，測定尺度の信頼性をより確かなものにすることもできるが，もっともうま

くいったサーベイ調査においては，単純集計や簡単なクロス集計こそが，なによりも雄弁に事実を語るものなのである．

　逆に，サーベイ調査の集計・分析から得られた類型に対応する事例を探し出して，聞き取り調査を行うことで，サーベイ調査の結果を，よりリアルに理解することもできるようになる．その場合に，対応する事例を探し出す方法としては，サーベイ調査の対象となってくれた協力者に，再度詳しい話を聞かせてほしいと依頼する場合もあれば，属性の一致する身近な人にインタビューを頼むという方法もある．サーベイ調査の後にこのような事例研究を行って，必要があればさらにサーベイ調査を行う，ということも考えてよいのである．

　さらに，聞き取り調査からサーベイ調査で確認すべき要因や変数を思いつくこともあるだろうし，逆にサーベイ調査の知見を聞き取り調査によってより豊かなものにする必要に迫られることもあるだろう．そのような場合には，両者のデータとしての質や次元の違いなどにこだわることなく，そのまま併用すればよい．それは異なる方法の「恥知らずの折衷主義」というよりも，社会的事実にたいする多様なアプローチを試みる，社会調査のトータルな過程の一部にすぎないのである．社会的事実の全体像は，そのような多様なデータから，不思議なくらい互いに整合したかたちで，その合理的な姿を現すのである．もちろんこれは聞き取り調査とサーベイ調査の間だけではなく，書かれた資料の分析も含めて，当てはまることである．

　さて，それでもまだ実際に調査をやったことのない人には，雲をつかむような抽象的な話に聞こえるだろう．そこで，次節ではまったく架空の話ではあるが，具体的な調査プロジェクトをシミ

ュレートすることで，より直感的に社会調査の全体像を理解しやすくしてみよう．

ひとつの事例——まちづくりのマスタープラン作成のために

シンクタンクに勤める調査員が，ある自治体からの依頼で，商店街を含む地域のまちづくりに取り組む住民たちの，マスタープラン作成のための基礎調査を請け負うことになったところから，話を始めることにしよう．

課題の設定——何を知りたいのか

調査員は，まず調査の目的を定めなければならない．そこで依頼主の話を聞くことにした．行政の担当者は，次のような事情を話してくれた．この自治体にとって，この商店街の再開発は行政的な課題である．予算があれば，大きなプロジェクトを提案して地元の協力を得ればよいだけのことだが，財政的にそれはむずかしい．そこで，長期的なプランを作成し，計画的に予算をつけていくしかない．幸い地元には熱心な振興組合があるので，住民参加でマスタープランを作ってもらうことにして，まずは調査費をつけた，というわけである．となると，依頼主にとっては，マスタープラン作成のための基礎調査，ということになる．しかし，それではあまりに抽象的である．具体的にまちの将来像を描くには，いったい何を知る必要があるのだろうか．そこで調査員は，次に地元住民に話を聞くことにした．

視察と聞き取り──聞き取り調査による仮説の構成

　行政の担当者から，地元振興組合の役員を紹介された調査員は，とりあえず振興組合の事務所を訪れ，話を聞くことにした．いわゆる聞き取り調査の実施ということになるが，この段階では，挨拶をかねた視察に近いものである．しかし，成果はなかなかのもので，次のようなことがわかってきた．まず，この振興組合が，なにゆえ自治体からも一目おかれるほど熱心な活動をしているかについては，周辺の町に比べて世代交代がうまく進んだからであるという．実は10年ほど前に，商店街の二代目層に当たる青年部がクーデターのごとく企てたのが，この振興組合の設立であった．当時，地元商店街の振興策のひとつとして法制化された，振興組合法にもとづき組合を設立し，助成を受けようと考えたわけである．組合への加入は任意であり，商店街組合とは違ってやる気のある人しか入ってこないので，自然とここが拠点となって，旧態依然たる商店街組合の世代交代を進めていく原動力となっていった．ところが近年になって，商店街をめぐる環境が変わってきた．この商店街の最寄りの駅から通勤する人の住む大規模マンションが近くにでき始め，新しい住民たちがこの商店街を通るようになり，それを見込んだ新しいテナントが進出してきたのである．商店街としては結構なようだが，こうしたテナントは地元の商店街組合には非協力的で，古くからの商店にはこのような変化を好ましく思わない人も多い．いわば，商店街としてのターゲットやアイデンティティが問われているわけである．そんな中で，これからの商店街とまちづくりの展望を得るために，調査を依頼したということであるらしい．

　ヒアリングを終えた調査員は，次に，そこでの知見を，書かれ

た資料によって確認していく作業を行う．たとえば，商店街振興組合法がいつ，どのような目的で作られたものであるかを確認したり，あるいは商店街組合と振興組合の名簿を照らし合わせて，本当にそれが世代交代を促したかどうかを確認することもできるだろう．しかし，ここで重要なのは，商店街をめぐる環境の変化である．調査員は，行政の援助も受けて，自治体の統計書を手に入れる．最近は，インターネットのホームページでかなりのところまでダウンロードできる場合も多い．市町村レベルの統計書では，町丁目単位に人口データが整理されているものもあるので，まず駅周辺の人口量の過去何年かの推移を追いかけたり，年齢別の人口構成の推移を5年ごとに整理して，いつ，どの年代が流入したかを確認していった．確かに，数年前から30代後半から40代前半のファミリー層の流入が顕著であり，それが一部の町丁目に集中していることがわかった．住宅地図で見ると，ここ5年ほどの間に，大中それぞれの規模のマンションが，続々と建っていることがわかってきた．

　つまり，ここで調査員は，聞き取り調査で得られた知見を，書かれた資料としての法律や統計データによって裏づけていったわけである．このような手続きをとることで，語られた事実はその人だけの認識から，ある程度誰もが納得しうる社会的事実としての意味をもつようになる．そうすると，次に調査員がやらなければならないことは，何を課題とし，どのような見込みをもって調査を進めるか，つまり問題の設定と仮説の構成ということになる．

資料の収集と簡単な聞き取りによる知見の補強
　しかしながら，そう簡単に成果の見込みなど立つものではない．

そこで，新しい顧客となりうる，新規来住者たちの商店街にたいする期待と，様変わりしつつある町の中で，旧来の商店主たちとこれまでの顧客たちが，その変化をどう考えているかが重要だろうという，とりあえずの問題設定だけを確認して，引き続き作業を進めることにした．まずは，机の上でできることとして，商店街振興に関するマーケティング関係の調査報告書を確認してみたり，自治体の市民意識調査の結果から，新規来住者たちの属性や意識を検討する．そして，実際に商店街を歩いて，古くからの店と新しいテナントのそれぞれに，最近のお客の様子や具体的なターゲットをどう考えているかを聞いてみる．さらに，新しいマンションが建った地区の住民を，行政を通じて紹介してもらい，話を聞かせてもらうことにした．

このような資料の収集と簡単な聞き取り調査によって，おぼろげながら問題の所在と一通りの見通しが明らかになってきた．それは以下のようなストーリーである．

最近になって入ってきたテナントは，明らかにマンション・ブームによる新規来住層を当てこんで進出しており，事前の市場調査にもとづき，既存商店街にない業種を選んで出店していることがわかった．それなりの業績はあげているが，思ったほど顧客が定着しているわけではなく，マンション沿いの幹線道路への類似店舗の進出などがあると業績が悪化する可能性もあって，その場合は撤退もありうるため，地元商店街組合への加入や共通カードの利用などは考えていないという．

このような新規テナントの態度に，地元商店街組合は不快感を隠さない．商店街組合としては，古くからの顧客をつなぎとめて，細々とその繁栄を保ってきたわけで，どの店で買い物をしてもポ

イントが加算される共通カードや，毎月八の日に行われる特売は商店街への安定した客足の確保に貢献している．そうした恩恵に新規テナントも浴しているにもかかわらず，組合費も払わなければ，共通カードにも加わらない．せっかく商店街に足を運ぶようになってくれたマンション居住者も，そのような店舗では使えないと聞くと，カードに加入することを逡巡してしまうのである．

さらに，新規来住者はどうかというと，まだまだ自分たちのニーズを満たす店舗は少ないという不満をもっている．そのような買い物は，勤務先の近くやより大きな繁華街まで足を運ぶことになってしまう．ところが，この点で調査員は少し意外な声を聞くことになる．だからといって，地元商店街にそのような新しい店舗が進出することを望みはしないというのである．むしろ，それはいずれ幹線道路沿いに大型店ができればいいのであって，地元商店街には別のことを期待している．地元商店街には古くからやっているちょっと美味しいお店や，いろいろと細かい相談に乗ってくれるような馴染みの店が，なくならないで営業していってほしいというのである．古い商店街は，そういう店があるのがいいところであって，ただ安いだけなら他でいいというわけである．マンション居住の新規来住者であっても，地元商店街には，むしろ昔ながらのお店との馴染みの関係やここにしかない味を求めているのである．調査員は，ここにこそ地元商店街が生き残る道が見えたように思えた．

サーベイ調査による確認——**全体的な分布と要因間の比重の測定**
ここまでの聞き取り調査と資料の分析からでも，当てずっぽうで，地元商店街の生きる道はこうですよ，と評論家風に論ずるこ

とはできるだろう．しかし，それは社会調査者がやることではない．社会調査者ならば，ここまでに得られた仮説を，誰もが納得できるかたちのデータで示して見せなければならない．そこで，調査員はいよいよ本格的な調査設計の段階へと進むことになる．

とりあえず，ここでの仮説的な想定をまとめておこう．

(1) 商店街を取りまく環境の変化として大きいのは，近隣のマンション開発にともなう新規来住者の流入である．
(2) これを背景として，商店街にも新しいテナントが入ってきたが，旧来の商店街組合との間で軋轢が生じている．
(3) 新規来住者にも既存の商店についての不満はあるが，地元商店街への期待は単純ではない．
(4) その意味で，地元商店街が，新規来住者にどのように対応しようとしているかが重要である．

そこで，新規来住者を対象とした，商店街にたいする要望に関する調査と，各商店を対象とした意識調査を企画することにした．ここでは，資料収集や聞き取り調査から得られた着想を，代表性をもった量的なデータとして提示する必要があるので，新規来住者の調査に関しては，開発されたマンションのある町丁目を対象に，住民基本台帳を使ってランダム・サンプリングを行った．また，商店を対象とした調査では，数が限られているので，全数調査とすることにした．

調査実施の細かな過程やそこでの苦労話はおくとして，このような調査票を用いたサーベイ調査の結果から，どのようなことが確認できるかだけを例示しておこう．

まず，さまざまな要望や意見をもつ人が，具体的にどの程度の比率で存在しているか，という全体的な分布を知ることができる．

たとえば，新規来住者が実際に地元商店街にどのような期待をしているかについて，単なる安さや標準的な商品とサービスを求める人よりも，独特の品揃えやきめ細かなサービスを求める人の方が多いことが確かめられた．

さらに，これはかなりうまくいった場合だが，ある結果を導くために，どのような要因に働きかければよいかがわかることがある．たとえば，商店主の年齢が低いほど，新規来住者の流入や，外部からのテナントの進出に寛大であることがわかったとすれば，まずは商店街の若手店主層に働きかけるのが有効であるということになるだろう．このような複数の要因間の関連のあり方から，現実の関係を変えるために，どの要因を変化させるのが有効であるかが，そのような分析が可能な多変量解析の結果からわかる場合がある．

このように，サーベイ調査のデータ分析からは，(1)諸要因の全体的な分布が明らかにできると同時に，(2)諸要因の関連から，どのような要因を変化させることが有効であるかがわかってくる．結論的に，ここでの調査員は聞き取り調査から得た発想として，新規来住者は必ずしも地元商店街に新しいテナントの進出を望んではいない，むしろ地元商店街らしさをアピールしていくことが有効である，という方針を打ち出すことになったが，サーベイ調査の結果がそれに説得力を付与することになったわけである．さらに，サーベイ調査での要因間の分析結果から，そのような新規来住者を意識した品揃えやサービスの試行は，まず比較的若い経営者へと代替わりをしている商店を対象に働きかけていくことになったのである．

以上の叙述は，あくまで架空の話である．しかし，似たような状況で，何らかの調査をしなければならない人は，意外と多いのではないだろうか．学生が実習として取り組む場面も，会社員が仕事の都合でどこかの町を調べてこいといわれた場面も，社会調査の真似事という意味では，同じようなやり方でよいのである．なによりこれまでの雲をつかむような説明の具体的なイメージが，少しでもつかめたのならば幸いである．そうすれば，後は原理・原則に従って，各自それぞれの工夫をしていけるはずである．

調査結果の報告
——政治的意思決定のための「客観的」資料として

　最後に，社会調査の最終段階として，調査結果の報告について述べておきたい．調査結果の報告は，通常は報告書を何らかの冊子として提出するのが一般的であるが，必ずしもそれだけとは限らない．ここではむしろ社会調査の報告がもつ，より本質的な意味について確認しておきたい．

　冊子となった報告書が図書館の書棚に収まったり，資金提供者のもとに届けられるのが，学問の世界でいえば，調査結果の報告ということになるのかもしれない．さらに，本当の意味で学問的な成果というならば，本来は学術論文としてまとめられたり，そこで明らかにされた一般的な命題が公表され，受け入れられることをいうべきであろう．しかし，調査結果の報告には，本当はそれとは別の意味合いがある．通常，学問的な基礎研究として，純粋に調査資金が提供されることは少ない．日本では，文部科学省の科学研究費の交付が唯一のものである．多くの場合，調査研究費の提供にはもっと実践的・政策的な意図が働くものである．つ

まり，何らかの実態の把握を通して，現実に影響を与えようとする働きかけをもたらすということである．このような営みを，広い意味での政治的意思決定とよぶならば，社会調査とは，そのような判断の題材として活用されることを前提としていることが多い．それゆえ，調査結果の報告は，報告書をまとめるというよりも，そこから何らかの政治的意思決定が導かれる点に，より本質的な面があると考えてよい．したがって，必ずしも冊子としての報告書の完成がすべてではない．むしろ，この政治的な意思決定の「科学的な」判断材料を提供することが，社会調査の最大の貢献であり，使命なのである．

そして，この「科学的」という言葉の意味が重要である．この本が，この言葉の原理的・哲学的な意味に拘泥していないことには，すでにお気づきであろう．社会調査は，民主的で，それゆえもっとも間違いの少ない，より正確にいえば，たとえ間違えたとしても，もっとも責められることの少ない，政治的な意思決定をもたらすための社会的な技術なのである．したがって，ここでいう「科学的」とは，誰もがみんなその決定の根拠となったデータの有効性と限界を理解できる，ということが最優先されなければならない．それゆえ，これまで何度も論じてきたように，社会調査の方法は，誰もが納得できるという意味で「客観的」なものでなければならない．同時に，その報告は，少なくとも当該の政治的意思決定の利害関係者にとってわかりやすい形式で提示され，判断の根拠として誰もが接近可能なものでなければならない．これが，より本質的な意味での社会調査の報告というものなのである．

第4章
聞き取り調査の方法

　この第4章以降の3つの章では，社会調査の3つの方法について，それぞれひとつひとつ具体的なノウハウを解説していく．まず，ここでは聞き取り調査の方法を紹介する．この方法について解説したテキストは，最近少し見かけるようになったが，あまり一般的でもないし，定番があるわけでもない．いまだ十分な方法的整備がなされているとはいえない状況である．ここでも，決して体系的な説明とまではいかないが，実践的な入門書としては，十分なだけの検討と紹介をしておきたい．

聞き取り調査はおもしろい

　社会調査の過程で，もっともスリリングで，もっとも実質的な発見がなされるのはいつか，と問われれば，迷わず聞き取り調査の場であると答えるだろう．それぐらい聞き取り調査は，実質的な意味で重要である．これほどおもしろくて，調査をしているという実感をもてる瞬間はない．正直に告白するが，私の場合，自

分の書いた論文や報告書の勘所のほとんどは，聞き取り調査の場面で思いついたことである．あの時の，あの人の，あの話のときに思いついた，と今でもはっきりと思い出せるほどである．

しかし原理的に考えれば，それは必ずしもおかしなことではない．われわれが社会を認識するのは，ほとんどの場合，具体的な他人との交流を通してである．そのもっとも基本的な形態が面と向かって行う会話である．社会調査も原理は同じである．それゆえ，とりあえず人に聞いてみるという意味での聞き取り調査が基本であり，少なくとも主観的には，この場面ですべての認識はなされてしまうのである．

われわれが生活者として，自らに必要な限りで社会を認識するだけならば，それで十分である．実際，われわれはそうやって生きているし，かなり重大な決定ですらそのように行われることが少なくない．それをもう少し慎重に行うために，多くの人が衆知を集めて決定するための素材をつくろうというのが社会調査なのである．つまり，聞き取り調査にも自ずと限界があるということである．

聞き取り調査の意義と限界——作業仮説を得るということ

生身の人間と対面して行う聞き取り調査は，なによりその情報量の多さと臨機応変に対応が調整できるという意味で，きわめて精度の高い方法である．だからおもしろいし，わかったと思えるのである．しかし，それはあくまでその場に立ち会った調査者だけが得ることのできる，インスピレーションにすぎないと考えた方がよい．つまり，これから別の方法で確かめていくべき，作業

仮説が得られたということなのである．かといって，それが不確かであるといっているわけではない．結果的に確かである場合の方が多い．それでも，社会調査としては，他の誰かを納得させられるような，他の方法での確認が必要であるということである．

　これが，聞き取り調査の意義と限界である．したがって，聞き取り調査は，決してやらずにすましてはいけないものであるが，あまりこだわっても仕方がないし，それだけですましてもいけないものである．どちらかというと，調査者本人にとっての意義の方が大きいので，これまで教科書的な方法の標準化が図られなかったのであろう．調査者本人が，それぞれ自分のやり方でやっていればそれでよかったのである．しかし，ここで明らかにした意義と限界にもとづいて，適切なノウハウを論じることはできるはずである．以下，順を追って紹介していこう．

聞き取り調査の極意

いつ，誰に，どうやって頼むか

　まず，いきなり具体的な話になるが，聞き取り調査をするといっても，いったい何をどう聞けばよいのだろうか．初心者はまずそこから知りたいだろう．どうやって人を紹介してもらうか，自己紹介はどうするか，依頼状はどう書くか，聞きたいことのチェック・リストをどう用意するかなど，事細かに解説してもらうことを期待しているかもしれない．しかし，それらは多くの場合ケース・バイ・ケースで，一般的な常識にもとづき，ひとつひとつ経験を積みながら学んでいくしかない．一通りのことは本章で紹介するが，重要なのは，社会調査はあくまで対象者の自発的な好

意に支えられて行うものだと認識することである．したがって，調査者はただひたすら協力を得られるように，最大限の配慮をしなければならない．相手が気持ちよく協力してやろうという気になるような対処を，心がけるしかない．もちろん，調査者の側に有無をいわせぬ権力がある方が，社会調査は順調かつ確実に実施できる．大学や学問にまだ権威のあった頃の調査や，公的機関の社会調査の方が，当然信頼できるものになりやすい．その意味で，本当に必要なものは法的な罰則を設けてでもやるべきだと思うが，そのためには，前もって社会調査が，人々に信頼される学術的な技術として認められていなければならない．

　そこで，まずは社会調査に従事する者が，現場で対象者の信頼を得ることが必要なのである．これまでのテキストでは，このような調査者と対象者との信頼関係の形成を，「ラポール」という言葉を使って表現してきたが，現在では少し実状にそぐわなくなっているように思う．社会調査者が，何の根拠もなく，すんなりと対象者の信頼を得ることができるなどとは考えない方がよい．「ラポール」の形成，などという思い上がったことを考える前に，まずは調査者が，なぜ，何のために，対象者の協力を必要としているかについての，誰もが納得できる「説明責任」を果たすことが求められる．そのうえで，調査者を信頼するかどうかは，もっぱら対象者の判断によるのである．したがって重要なのは，「ラポール」の形成という結果ではなく，その前提としての「説明責任」を果たすことであり，それこそがなによりもまず調査者がやるべきことなのである．その具体的な手続きや方法は，社会通念によって変化するので，そのつど注意深く対処するしかない．たとえば，ワープロが普及し始めた頃，私などはワープロで書いた

手紙を，わざわざ直筆で清書して出したものであるが，今ではそんな必要はないだろう．あくまで原則は以上の通りだ，と考えてもらいたい．

　さて，最初に，聞き取り調査を使う段階について区別しておきたい．ひとつは調査の初期段階で，とりあえず聞いてみようという視察や問題設定の段階で行うインタビューである．もうひとつは，ある程度調査が進み，たぶんこうだろうという想定を何らかの形で確認したり，そこから本格的な作業仮説を構成するという段階で行う聞き取り調査である．とりあえずは，前者を想定して説明を行う．後者については，少し注釈が必要なので，後の節で詳しく述べることにしたい．

　調査の初期段階で行う聞き取り調査は，とりあえず現場の感触を得るためや，当事者にとって何が問題なのかを確かめるために行う場合が多い．したがって，対象者は，代表的な当事者や現場の事情についてよく知っている事情通に，お願いするのが一般的である．さまざまな団体の代表者や，行政の職員などが対象になる場合が多い．あるいは，その分野の専門家として，研究者などの有識者が適当かもしれない．一般的には，電話やメールでコンタクトをとればよいが，重要なのは，必ず正式な文書を用意することである．いきなり電話で細かな用件を切り出されても，相手はゆっくり判断する余裕をもてないだろう．そこで電話を先にするにしても，詳しくは文書を送りますのでご検討ください，といったん電話を切ることが肝要である．そのうえで，文書が届いた頃を見はからって改めて連絡をとり，とりあえず会う約束をするのが一般的な手順である．電話やメールはあくまで挨拶程度に用い，詳しい説明は明確に文書で行う，というのが原則である．も

拝啓　時下益々ご清祥のこととお慶び申し上げます．

　先日は突然の電話で失礼をいたしました．改めて依頼の文書を作成しましたので，お送りいたします．お忙しいところお手数をかけて恐縮ですが，よろしくお取り計らいください．なお，ご不明な点や疑問な点などございましたら，遠慮なく当方までお問い合わせください．

　それでは，よろしくお願い申し上げます．

敬具

2007.12.6
　　　　　　　　　　　　　　　　○○大学○○学部社会学科
　　　　　　　　　　　　　　　　　　　玉野　和志

＜連絡先＞
〒192-0397　八王子市南大沢1－1　○○大学　○○学部
電話：＊＊＊－＊＊＊－＊＊＊＊（直通）
ファックス：＊＊＊－＊＊＊－＊＊＊＊（社会学研究室気付）
メールアドレス：tamano@mailadress.ne.jp

図4-1　調査依頼文の例

調査へのご協力のお願い

〇〇大学〇〇学部社会学科
教授　玉野　和志

　私は，社会学の立場から都市の地域生活についての調査・研究を行っている者です．実は縁あってこの地域の調査を，数年前から続けております．その過程で，この町にはかなり早い時期に貴団体の組織ができたこと，貴団体の方々が陰に陽にこの地域に貢献されてきたこと，この意味で貴団体の成立を抜きにしてはこの地域を語ることができないことを痛感するようになりました．そこで，貴団体のこの地域での成立事情や，実際にこの地域に住んでいる会員の方々に，直接お話を伺いたいと考えております．つきましては，以下のような形で簡単な聞き取り調査を行うことのお許しと，ご協力をいただける方のご紹介をお願いできればと思います．

　現時点では，特に大がかりな調査を意図しているわけではなく，具体的なイメージを得るために数人の方にお話が伺えればと考えている程度です．お聞きしたいことは，この地域での貴団体の成立事情やその後の経緯，および会員の方が具体的にどのように地域で活動をしているかについてです．できれば，ごく初期の成立事情などに詳しい方がいらっしゃるようでしたら，是非お話を伺えればと考えております．

　なお，私がこの地域の継続的な調査研究を行っているのは，大都市の歴史的な変動の中で特定のコミュニティが具体的にどのような人々の努力によって支えられてきたかを社会学の立場から明らかにし，今後の都市政策やまちづくりに生かしていくためです．とりわけ都市地域における貴団体のようなボランティア組織が果たす役割については，今後非常に重要な課題になると考えておりますので，何卒ご協力のほどお願い申し上げます．

　簡単ではありますが，調査の意図と意義をご理解のうえ，お許しをいただけますならば幸いです．いずれ当方から改めて連絡をさせていただきますので，何卒よろしくお願い申し上げます．

ちろん文書の送り方が手紙になるか,メールの添付ファイルでいいかはケース・バイ・ケースである.図4-1にあげたのが,そのような正式文書の例である.

　適当な対象者を誰かに紹介してもらう,ということも多いだろう.行政の職員を通じて,団体の役員や住民を紹介してもらう,という類いのことである.この場合も文書を用意して,紹介者を通じて渡してもらうか,やはり郵送するのがよいだろう.紹介者にもあまり手間をとらせるべきではないので,連絡をしてもらう期日を決めておき,頃合いを見て,調査者から直接連絡をとるようにするとか,了解がとれたら知らせてもらって連絡する,という段取りにしておくなどすればよいだろう.

　依頼状の書き方もケース・バイ・ケースである.ある程度研究が進んでいて,確認したいことがはっきりとしているという段階ならば,これまでの研究の経緯と意図を簡潔に説明したうえで,今回確認したいことはこうだと率直に明記すればよい.研究の初期段階ならば,漠然とした調査の意図と意義を明らかにしたうえで,自分たちは何も知らないので,ぜひ基本的なことを教えてもらいたい,とお願いすればよい.ここで重要なのは,たとえ調査研究の意図はまだ茫漠としていたとしても,意義は明確に説明しなければならないということである.たとえば,地域社会の調査をしようとするとき,その地域で何を対象にして,どんなことを明らかにすることが重要であるかがまだよくわからないということは,研究の初期段階ではよくあることである.しかし,それが豊かなまちづくりのために行う調査であるとか,地域の問題解決のための調査であるという,公的な目的に貢献するものであるということは明確に説明しなければならない.そうでなければ,対

象者はわざわざ協力しようという気にならないだろう．対象者の利害や立場に応じて，理解されやすい公的な目的との関連を明示すべきなのである．その点をあいまいにして，ただ学術的に意義があるとか，学問的な関心で，などという説明は厳に慎むべきである．そんなことは，学者でも研究者でもない対象者にとって，何の説明にもならない．むしろ，学問の権威を笠に着た権力的な行為であると受け取られることがあるので，注意してほしい．きちんとその公的な目的が説明できないのであれば，最後は，ただただ私個人が知りたいのですといって，平身低頭して，対象者の慈悲にすがるしかない．社会調査とはそういうものである．

決定的に重要な最初の一言

次に，いよいよ対象者と会うことができたとして，どのように自己紹介し，何をどんな手順で聞いていくか，そのためにどんな準備をし，どのように記録をとればよいのか，という段階に進んでいきたい．しかし，それを考えるうえで，まずここでは，面と向かった聞き取り調査の場面で，対象者が調査者の働きかけにたいして，どのように反応するものであるかという，基本的な原理について確認しておきたい．

聞き取り調査において，対象者は何を目途に話をしてくれるのであろうか．調査者が発する質問に，逐一反応するのだろうか．実はそうではない．多くの場合，対象者は，聞き手である調査者という人物に反応するのである．どういうことかというと，誰が何を知るために目の前にいるのかについての，自らの認識にもとづいて話すのである．意外と，そのつど繰り出される聞き手の質問には忠実に反応していない．たとえば，ある都市計画に反対し

ている人に，自治体行政の研究をしている政治学者が話を聞きにいけば，何を聞いても，反対している都市計画の不当性と，それでも撤回されない行政の硬直性について，熱弁をふるわれることであろう．同じことを，何も知らない学生が聞きにいけば，都市計画の決定手続きなどの問題点を懇切丁寧に説明してくれるかもしれない．つまり，われわれはつねに聞かれていることよりも，聞いている人物を見て応えているのである．

　したがって，聞き取り調査においては，最初の一言が決定的に重要である．聞きたいことを話してもらえるような自己提示を，いかに行うかが重要なのである．これがうまくいけば，後は黙っていても相手が勝手にしゃべってくれる．逆に，最初にしくじると軌道修正はきわめてむずかしくなる．どんな立場で，何のために，何を知りたいのかということを，簡潔に相手に理解させることが肝要である．たとえば，自分は社会運動に参加する人々の目的と心持ちを知りたいと思っている．そこであなたがなぜこの都市計画に反対しようと考えたか，それを教えてくださいといえば，対象者は何を話せばよいかがすぐわかるだろう．後は，そもそも運動に関わったきっかけや，これまで何をしてきたかを順に聞いていけばよいだけである．

　それゆえ，聞き取り調査の準備としては，おおげさな質問リストをつくることよりも，対象者から一番何が聞きたいのかを明確にし，会いにいく途中の電車の中ででも，最初の一言とその後の自然な話の流れをシミュレートする程度で，後はせいぜい確認したい項目をノートの片隅に書き込んで，帰る前にチェックできるようにしておくぐらいで十分である．それ以上の準備をしても無駄になることの方が多い．聞き取り調査が始まる前までは概略，

以上の通りである．

　話したいことしか話さない対象者＝インフォーマント

　次に，聞き取りが始まってからの段階に移ろう．安易に録音をお願いすることは必ずしも適切でないことについては，すでに第2章で述べた通りである．極論すれば，メモすらもとるべきではない．相手の目の前でメモをとり始めると，インフォーマントはだいたい話をやめて，こちらのメモをのぞき込むものである．そのために，話が途切れることが多い．それはあまり望ましいことではない．所詮，聞き取り調査は人の話である．正確に書き取ったところで，たかが知れている．それならば，メモは最低限にして，気持ちよくしゃべってもらった方がよい．メモは相手にお礼をいって別れた後に，大急ぎで思い出して書けばよい．聞き取り調査においては，その特質上，相手が正確に何といったかよりも，調査者がどう聞いたかが問題なのである．正確な事実は，いずれにせよ他の方法で確かめなければならない．

　さらに加えて，聞き取り調査において重要なのは，インフォーマントは自分にとって都合のよい，話したいことしか話さない，という厳然たる事実を，よくふまえておかなければならないということである．何を聞いても，人は当該の問題について，自分が知っていることで，話したいことだけを話すものである．他の人から聞いたからといって，ある人に批判的であることを確認しようとして，いくら水を向けても，大概の人は言葉をにごして直接に批判がましいことはいわないものである．それは，よく考えれば当たり前のことで，誰だって初めて会う外部の者に，人の悪口などいわないだろう．いうとすれば，それが本人にとって名誉な

ことであったり，悪口がいえるぐらい本人の存在が特別であることを示したい場合だけである．ジャーナリストならば，本人にとって都合の悪いことであっても，正義の名のもとに，良心に訴えて，証言を引き出すことが求められる．しかし，社会調査はそのようなものではない．あくまでインフォーマントの自発的な意思に依存する社会調査においては，本人が望まないことを語らせることはできない．むしろ，みんなが自ら語ったことだけを組み合わせて，誰も語りたがらない事実に到達できたとすれば，それは，ジャーナリストが明らかにした事実よりも，大きな信頼を得ることができるだろう．それが，ジャーナリズムとは区別される，社会調査の学術研究としての力なのである．

要するに，聞き取り調査でわかるのは，当該の問題について，対象者が何を知っていて，主観的に何が重要と考えているか，ということだけである．聞き手はまず対象者のそのような意味での位置を確認することが必要である．それを理解して初めて，その人が語る事実，もっと正確にいえば，その人が事実と考えている事柄を知ることができ，それを，誰もが納得できる客観的な事実を示すデータとして，的確に扱うことが可能になるのである．それゆえ，聞き取り調査において，調査者は対象者から聞きたいことを聞こうとしてはいけない．対象者が何を知っていて，何を語りたがっているかを知ることが重要なのである．

聞き取り調査成功の基準

したがって，聞き取り調査がうまくいったかどうかの基準は，聞きたいことが聞けたかどうかにあるのではない．聞きたいことは聞けたのに，何かしっくりこないというインタビューもある．

そんなとき，インフォーマントは，それはそうだけどもっと重要なことは別にある，と考えている場合が多い．インフォーマントが，親切な人であったり，聞き手が学生などの場合には，それよりもこっちの方が重要だよ，と教えてくれる場合もあるが，大概はこの調査者は大したことがないなと見くびられ，適当にあしらわれることになる．そのため，なんとなく不全感が残るのである．

だから，聞き取り調査成功の基準は，インフォーマントが気持ちよく話したいことをすべて話せたかどうかにある，と考えればよい．調査者が問いかけたテーマについて，とにかく話したいことはすべて話したということであれば，それでよいのである．それがインフォーマントとして話せることのすべてである．それ以上のことを聞こうとしても，聞けるものではない．人は知っていることで，話したいことしか話さないのである．それが調査者の聞きたいことと合致するとは限らない．だから，話せることをすべて聞き出せれば，聞き取り調査として，これ以上の成功はない．

それゆえ，最初に自分は何者で，何を知りたがっているかを提示したならば，後はなるだけ相手が喜んで話してくれる話題を探しながら，それをやはり喜んで聞くことが重要である．相手がうれしそうに話してくれるのを，喜んで聞くことがコツなのである．

後は，その流れを断ち切らない程度に，聞きたい話題に誘導していったり，確認したいことを確かめたり，ところどころ要約して相手がどう反応するかで自らの解釈が正しいかどうかを確かめていけばよいのである．

そうやって，相手の論理に寄り添っていくことで，何が問題であるかがわかったり，何を知るべきかが見えてくる．そのことによって対象についての理解が深まり，適切な問題設定が可能にな

るのであって,それが聞き取り調査にできることなのである.

したがって,聞き取り調査を行った場合の記録の残し方に関しては,この段階では,相手のいったことを正確に思い出して記録することに,それほど拘泥する必要はない.むしろ,相手の話を,調査者がどのように受け取って,どのように理解して,どういうことであると解釈したか,ということを記憶と記録に留めておくことの方が重要である.正確にいえば,いくら厳密に相手のいった通り記録していると思っても,本当は調査者が聞き取った理解の仕方にもとづいた言葉で解釈されている.たとえ同じ言葉づかいであっても,言葉はつねに読む者の解釈によって別様に理解されるものである.原理的には,そういうものなのである.ただ,実践的には,調査者が素直にインフォーマントはそういっていたと記憶している言葉を,そのまま記録しておけばよい.それが正確に相手の言葉づかいと一致しているかどうかに,過度にこだわる必要はない.ICレコーダなどに物理的な証拠が残っている場合に後で聞き比べてみると,厳密には言い方が違っていたということもよくあることである.そのために解釈が変わる場合もあれば,それでも解釈を変える必要のない場合もある.どちらでもよいのである.そもそも聞き取り調査は人の話なのだから,その程度のものだということを受け入れた方がよい.臨場感ある現場での聞き取りゆえに,調査者が正確な理解のための仮説的解釈を得ることができただけであって,その理解そのものをその場で正確に検証できるほど,厳密なデータが得られる方法ではない.少なくとも,研究の初期段階においては,それで十分なのである.

もちろん聞き取り調査という方法を,ある程度の事実の検証を目的にした,確かなデータを取得するために用いる段階もありう

る．そこで次に，その段階における聞き取り調査のノウハウを論ずることにしよう．

聞き取り調査にもとづく事例研究――ケースと出来事

　社会調査の初期段階ではなく，ある程度進んだ段階で，知見や事実の確認を行ったり，より本格的な作業仮説を構成するために，聞き取り調査を活用する場合もある．この段階では，これまでに説明したものとは少しノウハウが異なってくる．さらに，厳密にいうと，この段階で行う聞き取り調査は，聞き取りという方法にもとづいた事例研究というべきものである．その場合，個別の事例をいくつか検討する，いわゆるケース・スタディと，特定の出来事や事件を複数の関係者にたいする聞き取り調査によって明らかにしていく，というタイプの事例研究とを，区別する必要がある．

　それでは，それぞれについて論じていくことにする．

個別事例の研究

　まずは，個別事例の研究＝ケース・スタディについて見ていく．この場合は，個々の事例における事実確認や知見の獲得に加えて，それらを通してもう少し一般的な意味での規則性や法則性を，作業仮説として導き出すという作業が重要になる．

事例は3つ集めれば十分
　ある事象――たとえば，貧困や若年失業者など――について，

いくつかのケース・スタディを行うことで，その原因や現状を明らかにしようとするとき，よく聞かれるのは，いったいどれだけの人に，どれくらい話を聞けばよいのか，という目安についての考え方である．理想的なことをいえば，「飽和」とか「理論的飽和」といわれる（ベルトー 2003, グレイザー／ストラウス 1996），誰に聞いても新しい話が出てこなくなり，同じようなことの繰り返しになる段階まで続けるのがよいだろう．しかし，なかなかその段階まで調査を続けることができなかったり，そこまでの労力をかけるほどの確信をもてないことも多いだろう．そこで，きわめて大雑把な目安として，タイプの違う事例を最低限3つ集めて，そこから仮説を構成する，ということを提唱してみたい．

　3つという数字にそれほど根拠があるわけではないが，2つではどうしても事例が示す世界に立体感が出ず，4つ以上になると扱うべき変数が多くなりすぎて収拾がつかなくなる．実際，聞き取り調査というのは，取得できる情報がきわめて多い方法であるから，事例を1つ増やすだけで考慮すべき要因がどんどん増えてしまう．タイプの違う（すなわち考慮すべき変数の重なりが少ない）事例が4つ，5つとなると，それこそコンピュータによる多変量解析が必要で，とても人間の頭では処理しきれない数の変数を扱わなければならなくなる．5つ以上の事例をあげて考察している人も，実際には多くの情報を切り落としているわけで，事例研究が本当の意味でトータルに生かされるのは，せいぜい3つか4つの事例に留まることが多いのである．と同時に，後で述べる通り，事例はいくつ集めたところで，所詮ひとつの事例であって，量的な一般性や代表性に関わる証明ができるわけではない．とすれば，集めやすくかつ扱いやすい数に限定した方がよい．そこで，最低

限3つという基準が出てくるわけである．

　ところで，事例研究は統計的な意味でのサンプリングを行っているわけではないのだから，その個別の事例に「代表性」を求めることはできない．代表性とは，全体の分布の中で多数を占める平均的な事象を意味する．ある特定の事例のタイプが代表的であるというのは，全体の分布の中で多数を占めているとか，平均的であるという意味で，一般性が認められる場合のことである．事例研究の対象が代表的であるという保証は，別途サンプリング調査を行って厳密に測定しない限り得られない．そこで，事例研究においては，たまたま対象となった個別事例をどのように考えればよいかというと，量的に多いという意味での代表性ではなく，あるタイプの類型的な存在としてその「典型性」を問題にしていると考えた方がよい．つまり，数が多いかどうかはわからないが，ある特定のタイプの存在として，必要な条件や重要な要因がわかりやすく現れている，という意味で典型的といえるかどうかを評価するわけである．たとえば，働き手の父親を事故や病気で失い，母子家庭となったがゆえに貧困であるとか，ミュージシャンを目指しているので，フリーターで定職をもたず，今は仕事をしていない若年失業者などの事例は，一般的であるかどうかはわからないが，ある種の貧困や若年失業者の典型と考えることはできるだろう．そこでは，変数間の確率論的な関連という意味での一般性ではなく，個別具体的で特殊な事例の中にある，普遍的な要因間の連関が問題にされるのである．ここでは，この「代表性」と「典型性」の違い，「一般性」と「普遍性」の違いについて，あまり深入りするつもりはないが，それは，実践的な社会調査の方法として，聞き取り調査による事例的研究法とサーベイ調査によ

る統計的研究法の違いと相互の関連のさせ方という点で，本書全体を通して考察していることでもある．

思い込みという名の仮説

　事例の数をやみくもに増やさないのは，聞き取り調査によるケース・スタディの目的が，個別のケースの実態を明らかにすることと，そこから他の場合もそうかもしれないという作業仮説を得ることにあるからである．せっかくひとつの事例を調べるのだから，そのケースについての詳しい事情を知り，その個性的で特殊な背景を理解する必要がある．個性的で特殊な事情を理解するからこそ，たとえ3つか4つの事例であったとしても，何か一致したところがあれば，一般的にも当てはまるかもしれないという，思い込みともいえる作業仮説を構成することができる．それを，そのままだらだらとケースを増やしてしまうと，さらに特殊な事情が重なって，人間の頭では処理できないほど複雑な状況に陥ってしまい，結局はせっかく集めた事例の一部を無視せざるをえなくなる．実際，非常に多くの事例を集めながら，巧みにストーリーを組み立てる人は，そのつどねらいどころを絞り込んでいるのであって，必ずしも同じように事例を集めているわけではない．少しずつ仮説を構成しながら，埋まらないパズルのピースを探すように，事例を増やしているのである．慣れれば，そうやって飽和状態になるまで続けていけばよいが，それはかなりの熟練を要することなので，まずは3つほど集めたところで考えて，無理やりにでも仮説を構成してみるべきなのである．

　そして，ここでいう仮説は，単なる思い込みにすぎないと考えてよい．仮説ははずすためにつくるのだから，はずれたときにも

っとも根本的な再考を促すものでなければ意味がない．そのためには，本人が何の根拠もなくこうであるに違いないと思っていることを，早いうちに仮説にしておいた方がよい．人間は最初にこうだと考えたことに，どうしても拘泥してしまう．それを出し惜しみして，いつまでも不明確にしておくと，いろいろ調べたけれど結局最初に思った通りでした，という通説を追認しただけの発見のない調査になってしまう．調査における発見は，もっとも意外な知見＝ファインディングスから生まれるものである．だから，早いうちに思い込みでいいから仮説を立てて，意外な知見を多く認識していった方がよい．それに，そもそも3つや4つの事例から得られる仮説など，思い込み以上のものではない．重要なのは，立派な仮説をつくることではなく，反証可能なくらい明確に自らの思い込みを自覚することなのである．

事例を増やして仮説を検証しようとするな

くどいようだが，聞き取り調査の意義は対象に関する何らかの作業仮説を得るところにある．聞き取り調査や事例研究で，誰もが納得できるという意味で「客観的」で，全体的な分布や比重を確認したという意味で「一般的」な，証明に近づけると考えるのは間違いである．よく事例を大量に集めようとする人がいるが，サンプリングがなされていない以上，50集めようが，100集めようが，全体的な分布を確認することはできない．必要とされる労力に比べて，得られるものは少ない．大概は20ぐらいで飽和状態になり，それ以上はまったくの無駄になると考えるべきである．同じ労力をかけるなら，書かれたデータの分析に進むなり，そこで得られた仮説をサンプリング調査で検証することを考えた方が

よい．事例をいくら集めたところで，誰も納得してくれないのである．

ただし，事例研究は仮説を一般的には検証してくれないが，たったひとつの事例でも，仮説を反証できることを知っておく必要はある．だからこそ，仮説を精緻化していく過程では，きわめて有効な方法なのである．また，客観的でも，一般的でもないとしても，そこから特殊な形態をまとった普遍的なものを洞察することはできる．それについても，すでに述べた通りである．しかし，社会調査は同時にその客観性と一般性を示してみせない限り，他人を納得させることはできない．そのためには，聞き取り調査の段階だけに留まっているわけにはいかないのである．

個別の出来事に関する研究

特定の個人や団体を対象としたケース・スタディとは異なって，やはり聞き取り調査にもとづいて，特定の事件や出来事の全体像を明らかにしようとする調査研究もある．これもやはり，事例研究であることに違いはない．したがって，事実確認と知見の獲得に加えて，出来事全体の解釈や説明に関する仮説の構成が問題になるが，具体的なノウハウは若干異なるので，別に論じておく．

異なる立場の人々の証言を集めること

まず，もっとも一般的な原則として，できる限り多くの人々の証言を集めるということがある．理想としては，個人にたいする聞き取りと同様，同じ話しか出てこなくなる飽和状態まで続けることが求められる．また，最終的には，そこで明らかになった事

実を，サンプリングにもとづいたサーベイ調査によって検証するのが望ましい．しかし，なかなかそうもいかない場合も多いので，次善の策としての原則を述べるとすれば，立場の異なる人々の証言から集めていくということがある．たとえば，賛成派と反対派，男性と女性，年配の人と若年者など，調査対象となっている出来事にたいして異なった意見をもつと思われる人々である．そうやって，できる限り事実を多面的にとらえていくことが求められる．

そもそも客観的な事実は，さまざまな人々によって主観的に体験され，多様に解釈される．社会調査において，客観的な事実を直接に示すデータが得られることは稀である．そのほとんどは，特定のインフォーマントが主観的にそう解釈しているというデータにすぎない．たとえ客観的な事実はひとつであったとしても，それにたいする解釈はもちろん，事実認識すらも異なってくるのが普通である．それゆえ，まずは異なる立場からの多様な事実認識とその解釈としてのデータをできる限り集めることが求められる．

単純な注意事項としてまとめれば，対立する立場の双方にたいして，直接面会して事実関係を確認することなしに，一方の見解のみを事実として採用してはならないということである．もちろん，どうしてもある立場の人々について確認がとれないということはあるだろう．その場合は，確認をとることができなかったことを明記したうえで，考察を加えるしかない．ただし，その場合は確認のとれなかった対象にたいする批判的な解釈には十分に慎重であらねばならない．批判された側にとっては，なぜ自分たちに直接確認することなく，こんなことがいえるのか，ということになってしまうからである．

したがって，調査を進めていく過程で，明らかになってくる事実とは異なる解釈をする人や，都合の悪い立場にある人々を探しながら，作業を進めていくことが求められるのである．

説明のための仮説と解釈の原理

個別の出来事に関する事例研究においては，上記のように，さまざまな立場の人々の証言を集めていくことが基本となる．その過程で，それぞれの証言を裏づける書かれた資料を探索していくのも，基本的な方法のひとつである．このように，聞き取り調査の結果を書かれた資料によって裏づけていくという，両者の方法の組み合わせ方は，非常に重要である．この点については次の第5章で改めて述べることにして，ここでは，このようにして集められた，さまざまな証言や文書資料を，どのように整理し，分析していくかについての，一般的な指針について論じてみたい．

まず，集めた証言や資料についての解釈や説明は，すべて客観的な事実に関する仮説であることを確認しておきたい．次項で述べるような事情もあって，社会調査では，決定的な事実関係については直接に証明できない場合が少なくない．ゆえに，得られた限りのデータから，決して得られることのない部分も含めて，全体としての事実関係を仮説的に構成しなければならない．その際にどのような原則に従うべきかというと，まず，とりあえず得られたデータにはすべてそれなりの根拠があると考えておく．もちろんまったく根拠のない過誤以外のなにものでもないデータも存在するだろう．それらは収集の過程でそれなりに吟味され，信頼性の序列がつけられるものである．しかし，この時点ではすべてのデータに根拠があると想定しておく．そのうえで，それらすべ

てを論理的に無理なく解釈できるような説明を,仮説として構成するのである.したがって,ここで考察の糸口になるのは,むしろ一見相互に矛盾した知見である.調査者にとって,きわめて肝要であるにもかかわらず,一貫した説明が困難に見える知見を,説得的に解釈できるような仮説を考えるわけである.また,全体としてうまく位置づけることはできないが,妙に気になるという知見に着目したときに,その知見が全体としてうまく位置づけられるような仮説的な解釈が,あたかもパズルの1ピースが突然はまったかのように思いつくという場合もある.

いずれにせよ,さまざまな立場からのデータをできる限り集めたうえで,それらがすべて合理的に理解可能になるような,客観的な事実関係やそれについての仮説を構成することが必要なのである.

聞き取り調査の限界

住民運動や市民運動などの,とりわけ社会的な紛争事例を調査する場合に出てくる社会調査の限界というものがある.聞き取り調査において対象者がつねに話したいことしか話さないということと同様に,もっとも重要で決定的な事実が,決して語られることもなければ,直接確かめることもできないということが少なくない.とりわけ,紛争事例において決定的な事実は,特定の人々——それはしばしば支配的な位置にある人々である——にとって,決して有利なことではない場合も多い.そうすると,その決定的な事実確認については,直接の証拠や証言をとることがきわめて困難な場合が出てくる.ここでジャーナリストであるならば,正義の名のもとに,相手の良心に訴えることで,無理やり

にでも証言をとらなければならないのであって，それゆえ勇気ある告発者は秘匿されなければならない．しかし，社会調査はあくまで対象者の自発的な協力にのみ依存して，データをとることができるだけである．したがって，このような決定的な局面においては，直接的な証拠がとれない場合が多い．いきおい社会調査は，間接的な状況証拠にだけ依存せざるをえないという限界をもつことになる．たとえば，最初のうちは愛想のよい行政職員も，事が本質に近づいてくると，急に忙しいといい始めたり，そのことはよく覚えていませんねといったりするようになる．本当のことは，多くの場合，当該の社会集団からは浮いているような，アウトローな地位にある人が率直に語ってくれたり，あくまで噂話として言及されるに留まる場合が多い．そのことを真面目に検証しようとすると，誰もが口をつぐんでしまうのである．

つまり，ある出来事を聞き取り調査によって明らかにしようとする事例研究には，たまたま決定的な文書資料が出てこない限り，誰もが納得できるという意味で客観的で信頼性のある直接の証拠はとれないという限界がある．それは，いわば学術的な社会調査において避けられない制約なのである．しかし，それでは学術調査は所詮その程度のものと考えるしかないのだろうか．最後にこの点について述べておきたい．

科学としての社会調査の意義と専門性

聞き取り調査の方法を紹介する中で，社会調査の限界についても指摘することになった．聞き取り調査において，対象者はつねに知っていることで話したいことしか話さないこと，つまり，自

分に都合の悪いことは決して自発的には話さないこと，よって，肝心なところの証言はとれないことが多いということである．それは社会調査が対象者の自発的な協力に頼るしかないものである以上，避けられない現実である．ならば，社会調査にできることは少ないのだろうか．ここで考えておかなければならないのは，社会調査の方法はなにも聞き取り調査だけではないということと，それならその部分を乗り越えようとするジャーナリズムに限界はないのかということがある．

　すでに述べた通り，ジャーナリストが裏をとる場合，正義の名のもとに自発的な証言が強要される．それゆえ，情報源はあくまで秘匿されなければならない．しかし，誰が証言したか明らかにできないとなると，何か特別な事情——個人的なうらみや，金ほしさなど——がからんでいるのではないかと勘ぐられることにもなる．ゆえにジャーナリズムには，つねにある種のうさん臭さがつきまとうのである．学術的な意味での社会調査にやれることがあるとすれば，そこである．社会調査は，誰に証言を強要するものでもない．すべては対象者が納得し，自ら語ったものである．そのためジャーナリズムのような，うさん臭さを免れることができる．もし仮に社会調査の結果として，ある事実の存在が説得的に示せたとしたら，ジャーナリズムよりは信頼される記録として歴史を刻むことができるだろう．逆にいえば，ジャーナリズムには少々怪しくても，今明らかにしなければならないという即効性が求められるのである．学術的な研究とは役割が違うわけである．

　さて，それでは社会調査はどうやって説得的に事実を示すことができるのだろう．ここで，聞き取り調査以外の方法を併用する

ことの意義が，改めて確認されるのである．誰も語ってはくれないが，決定的な事実を示す文書資料が出てくることもまったくないわけではない．直接示せる資料はないとしても，複数のデータを組み合わせていくと，ある部分の事実だけが隠されていることに気づく場合もある．ある事実の存在を想定すると，すべてが説明できることもあるだろう．決定的な事実の存在がサーベイ調査の集計結果から示唆されたり，変数間の関連として一般的に示される場合もあるだろう．

　このようにして，誰もが自発的に語ったデータだけにもとづいて，それらを組み合わせることで，誰も語ろうとしなかった事実を，たとえ間接的であったとしても，説得的に提示しようとするところに，科学としての社会調査の意義と専門性がある．それがジャーナリストの仕事と異なるところである．ジャーナリズムほどの即効性と影響力はないかもしれないが，より高い信頼性をもって世の中に受け入れられていく．その意味でより確実な歴史的知識を蓄積していったり，より確実な根拠を示して政策的な決定を促すことができるのである．

第5章
書かれた資料の収集と分析

　本章では，広い意味で書かれた資料の収集と分析のノウハウについて述べていく．さまざまな統計データや文献資料の活用は，ほとんどの社会調査の現場で広く活用されているが，それだけをきちんと扱った教科書は意外と少ない．いろいろなものを少しずつ参照するしかないというのが現状である．そこで，ここではできる限り網羅的に，書かれた資料の収集と活用の仕方について解説していきたい．

書かれた資料としての文書，既存研究，統計資料

　ここでいう「書かれた資料」というのは，もっとも広い意味で誰かによって書かれた資料のすべてを指す．したがって，文書資料に，文献資料，さらに統計資料も含めたものである．これらをすべて一括してしまうことの意味は，すでに述べたように，この方法を聞き取り調査とサーベイ調査を媒介するものと位置づけることにある．何らかの文字によって書かれるということは，聞き

取り調査のように，現場に居合わせた人だけの体験を離れて，その他の人にも利用可能なデータになるということであり，ある程度の資料批判も可能という意味で，いかほどかは客観的な性質をもちうるということである．しかしながら，サーベイ調査ほど研究当事者の意図にもとづいて統制されてはいないという限界をもつ．その意味で文書も，文献も，統計も同じように位置づけられるということである．もっといえば，実はサーベイ調査のデータも書かれた資料に他ならないのだが，これについては後の節で述べることにしたい．

聞き取り調査も書き残せば文書資料になる

さて，まず「文献資料」について考えてみよう．これは主として他の研究者によって書かれた著作物である．本格的な学術書だけではなく，本になったものすべてを指し，研究の対象となる人や団体が発刊しているものも含む．報告書の類いも含めてよいが，書籍の形態をとっていないものは，一般に文書資料といわれるので別に扱う．行政の報告書などは境界的なものであろう．とはいえ，その厳密な意味での区別は必要ないので，図書館で一般的に確認できるものが，文献資料であると考えておけばよいだろう．いわゆる既存研究をふまえるということとほとんど変わらないが，文献に当たることは学術研究上の常識であると同時に，社会調査のデータ収集としても出発点であることを確認しておきたい．そこから有識者への聞き取り調査に進むというのも，社会調査の定石なのである．最近はこの部分をインターネットの検索ですませることがかなりできるようになったが，そこで得られる情報には

以下で確認する．書かれた資料の生命線ともいえる資料批判が困難な場合も多いので，注意する必要がある．

次に，図書館での文献資料の探索を終えて，少し調査データの収集らしくなるのが，「文書資料」の探索である．やはり書かれた資料であることに変わりはないが，書籍ではなく，単なる文書として残されたものすべてを指す．対象者の日記や手記であったり，組織や団体の内部文書，パンフレット，チラシ，内規や条例の条文など，すべてが文書資料である．歴史学が扱う古文書などもそうだが，特別の訓練を受けない限り，これを本格的に扱うのはむずかしいだろう．多くの場合，歴史学者による文献資料に頼ることになるが，できる限り直接自分で実際の文書を確認することが望ましい．一般的な教科書では，自分で得た「一次資料」と他人が見出した「二次資料」との区別が重視され，あたかも一次資料を得ることが重要であるかのように強調されるが，ここではそのような立場には与しない．二次資料であっても，適切な資料批判ができるなら，下手な一次資料よりもよっぽどよい．もちろん，できる限り一次資料に当たることを否定するものではない．要するに，ここでは一次資料と二次資料の違いよりも，資料批判にもとづく「客観性」の確保を重要視しているということである．

もうひとつ，「統計資料」もここに含めておきたい．国勢調査などの官庁統計がその代表的なものである．特によく使われるものとして，国勢調査に加えて，事業所調査，労働力調査，就業構造基本調査などをあげておこう．これは書かれた資料としてもっとも有用なものである．なぜなら，これほど目的と方法が明確にされ，かつ網羅的に調査が実施されているものはないからである．聞き取り調査に足りない「客観性」と全体的な分布を知るという

意味での，書かれた資料の強みが最大限に生かされている．唯一，二次資料であるがゆえに，調査者が聞きたいことを聞けないという点が，サーベイ調査と異なるだけである．もっと正確にいうと，「統計資料」は他人がやったサーベイ調査の結果に他ならない．

　ここからもわかる通り，聞き取り調査やサーベイ調査も，その結果が文字になった瞬間に書かれた資料になるという性質をもっている．たとえば，聞き取り調査のデータも，聞き取った人が文字に起こせば，それは書かれた資料になる．そうやって，ある目的をもった人間が，どのような状況で，どう理解したかを明確に文章にすれば，適切な資料批判が可能という意味で客観的なデータになりうるのである．

書かれることによって可能になる資料批判

　すなわち，ある現場で，ある調査者が感じ取ったことは，どこまでいっても，他人にはわからないものであり，検討のしようがないものである．しかし，それが何らかの文脈をもって書かれた資料になれば，あかの他人にもいくらか検討可能なデータとなる．文字に書き残されるということは，このような意義をもつ．つまり，その場に居合わせなかった人にも利用可能になるということであり，誰がどのような目的で書き残したかを検討することで，データとしてのある程度の確からしさも評価することができるようになる．

　さて，ここで重要なのは，この資料批判の具体的なノウハウである．残念ながら社会調査の技法として，このような側面は十分に検討されているとはいえない．そこで，ここではごく基本的な

原則について，いくつか列挙しておくことにする．

　資料批判の第一の原則は，まず誰が何の目的で文字にした資料であるかを見極めることである．そして，その人とその目的にとって都合がよいことが書かれるという当然の傾向を知ることである．だから，エンゲルスも述べているように，その人やその目的にそった事実よりも，それらに都合の悪い事実を示しているデータとして引証する方が説得力が出るということである．

　同様に，それが聞き取りやインタビューの記録である場合には，誰が，どんな目的で，何を聞こうとしたときに採取されたものであるかに注意する必要がある．たとえば，人生の晩年に自らの人生をふりかえって満足しているかと聞かれて，不満だと応える人は少ないであろう．しかし，それをもってこの世代は人生の満足度が高いと結論づけるわけにはいくまい．一般に，回顧的な語りには現在の状態が大きく影響すると考えるべきである．今幸せだから，過去の失恋を美しい思い出として語れるというものである．

　さらに，規約などの文書資料の場合によく使うのは，ある行為が禁止されるということは，ある程度そのような行為が行われる可能性が出てきたと理解できるという読み方である．とりわけ規約が改正されていった詳細が，資料として確認できる場合には有効な方法である．たとえば，ある都市の旧市街地に位置するいくつかの町で，ことさらに町規約がつくられていく時期が，ちょうど近代の都市化が進行し，人の移動が多くなっていった時期に当たっているとか，移動の少ない古い町よりも，人の移動の多い新しい町の方が早く規約ができていることなどがその例である．つくった町規約にわざわざ署名捺印をさせて，規約の遵守を強調しているのは，かえってそのような決め事が守られにくい町である

ことを示しているのである.

　また，統計資料の場合に注意しなければならないのは，どのように対象が選ばれ，どのような方法で資料が集められているかということである．よく家計調査の結果では格差は拡大していないなどという人がいるが，この調査は家庭の主婦にたいして半年あまりの期間にわたって，すべての支出内容を記録してもらうというもので，そもそも安定した家計を営んでいる人にしか頼めない類いの調査である．事実，家計調査での平均収入はかなり高い．そもそも格差の出にくいデータなのである．

　以上，これらの原則にもとづき，後はケース・バイ・ケースで工夫していくことになる．

二次資料として獲得される量的な広がり

　さて，自分で直接収集したわけではない二次資料としての書かれたデータを活用することの意義は，聞き取り調査との違いである資料批判が可能になるということだけではない．むしろ，二次資料として他人が集めたデータも活用できることで，自分で確認した聞き取り調査や一次資料から得られた仮説を，ある程度量的に検討することが可能になることの意義の方が大きい．このことが，次のサーベイ調査のデータとの関係において重要となる．つまり，自らが直接体験した事例に見られた重要な要因が，他の事例でも同じように見られるかどうかを，ある程度確認することができるのである．聞き取り調査にもとづく事例の収集は，かなりの労力と時間を要するものなので，ひとりで多くの事例を収集し，共通の要因の存在を確認していくのは，並大抵のことではない．

書かれた資料の存在は，その困難をかなりの程度，軽減してくれるのである．

だから一次資料を増やす必要はない

ここに，むやみやたらと一次資料としての事例を集める必要はない，と主張することの根拠がある．もちろん，その意欲のある人にやるなといっているわけではない．誰もができることではないので，できない人は無理をすることはないといいたいだけである．ある程度の事例に直接当たって，それなりの見通しが得られたならば，さらに事例を追加することよりも，適切な書かれた資料を探した方が，知見に広がりが出たり，誰もが納得できるという意味での「客観性」を高められるということである．また，多くの事例を自分が聞いただけのものにしておくよりも，書くことで多くの人が利用できるようになるのだから，そのような努力をする方が，さらに事例を増やすことよりも重要だという側面もある．

参考になる資料は，別に他の人が収集した聞き取り調査にもとづく事例の報告だけではない．ある程度一般的な背景が仮説として考えられてきたならば，それを直接・間接に示す指標を設定することで，統計資料による量的な検証が可能になる場合もある．たとえば，ある地域の活動が，ある年代の，ある地域の出身者によって担われているのではないかという想定は，国勢調査の前住地の集計をうまく組み合わせれば，ある程度検討できるものである．このように，既存の資料によって，間接的ではあっても，ある程度の量的な確認が可能になる場合もある．そういう意味でも，

事例を大量に集める必要は必ずしもないのである．

代表的な統計資料のいくつか

それではここで，利用価値の高い代表的な統計資料について，具体的に紹介しておこう．まず，世帯や家族について基礎的なことを知りたいときに，利用できるもっとも基本的なものが，国勢調査である．日本の国勢調査は，西暦で区切りのよい年に5年おきに行われている全数調査なので，量的には申し分ないものである．最近拒否する人が増えてきて問題視されているとはいえ，もっとも信頼できる資料である．5年おきに誰もが経験しているはずなのでわかると思うが，性別・年齢別の人口構成や家族構成，職業や通勤・通学の場所，実施年度によっては5年前の居住地なども確認できる．

5年おきではなく，ある時点での人口や世帯数を知りたい場合には，市町村の統計書を参照するとよい．そこには住民基本台帳にもとづく人口統計が掲載されている．他にも当該の市町村に関する一通りの統計表が収録されているので，非常に便利である．そのもとになっているのは，主に国勢調査や事業所統計だが，町丁目別など，より細かな集計がなされていることもある．ここで紹介する個別の統計資料に不案内なうちは，とりあえず市町村や都道府県の統計書を参照することをお勧めしたい．その他，統計年鑑などの資料を見るのもよいだろう．それらの資料には必ず出典が明記されているので，そうやって覚えていけばよいのである．

さて，世帯や人口についての基礎的な統計が，国勢調査や住民基本台帳によるものであるのにたいして，会社や企業に関する国

勢調査ともいえるのが,事業所統計である.国勢調査がすべての世帯に調査票を配布するのにたいして,事業所統計は,すべての事業所に調査票を配布して,従業員数や業種などを調べたものである.このうちよく利用されるのが,産業分類別の事業所数や従業員数の推移である.産業分類には大分類・中分類・小分類があって,大分類ごとの集計を見るだけで,特定地域の産業構造の様態を,かなりの程度把握することができる.事業所統計は,かつては3年おきに行われていたが,現在では5年おきに行われている.

　国勢調査と事業所統計は政府が行う全数調査で,回収率もかなり高いので,もっとも一般的で信頼できる,利用価値の大きいものである.各自治体が行う住民基本台帳にもとづく人口統計も同様である.これにたいして,標本抽出にもとづく調査ではあるが,やはり政府が行うという点で信頼性の高いものに,労働力調査がある.これは毎月決まった日に働いたかどうかという,就業状況を中心とした調査を行うことで,日本全国の労働力の状態を把握しようとするものである.失業率の算定に用いられているもので,毎月行われ,月報というかたちで結果が報告されている.これは全国を母集団として,いくつか設定された調査地区を毎月少しずつ入れ換えながら行っている標本調査である.この場合はあくまで全国を対象にしているので,都道府県ごとに集計しても意味はない.そこで都道府県ごとに代表性のあるサンプル設定で同様の調査を行っているのが,就業構造基本調査である.就業構造基本調査は5年おきに行われている.労働力調査と就業構造基本調査は標本調査とはいえ,政府が行っているもので,回収率も高く,信頼性の高いものである.

その他，先にあげた家計調査や生活時間調査など，いくつかの限界に注意するならば，有用な標本調査が存在する．他にも有用な経済統計や政府の白書などが存在するが，ここではそのすべてについて紹介することはできないので，その調査の目的に応じて探してみるとよいだろう．最近では，インターネットの検索でほとんどのものがみつけられるだろうし，各省庁や自治体のホームページを探すと，それらの一覧が載っているので活用してほしい．

それでも量的な確認はできないこと

以上のように，有用かつ信頼できる統計資料は少なくない．しかし，それでも既存の統計資料によって，完全な意味での量的な確認，つまり対象全体の中での位置づけ＝分布と比率を確定することはできない．なぜなら，既存の統計資料は必ずしも当該の問題にとって的確な測定を行っているとは限らないからである．あくまで既存統計資料は類推や状況証拠を与えてくれるだけのものである．それでも，すでに知られているタイプや要因の連関を示す事例をいくつか増やすような，先の見えない努力をするよりは，書かれた資料による類推や推定の可能性を模索する方が，いくらかは生産的であろう．逆にいえば，事例を増やす場合には，まったく新しいタイプや異なった要因の連関が発見できなければ意味がないということである．それゆえ，増やしすぎると扱うべき類型と要因が多くなりすぎて，ひとつの研究としては収拾がつかなくなってしまう．事例の収集は，当該の研究でターゲットになる仮説が得られた瞬間にいったん停止し，書かれた資料による追認やサーベイ調査による確認の段階に進むべきなのである．

特殊に書かれた資料としてのサーベイ調査

ところで,改めて考えてみると,書かれた資料としての既存統計資料とサーベイ調査にはそれほど差がないことがわかる.事実,国勢調査や労働力調査になると,その内容はサーベイ調査そのものである.違うのは他人がやったものか,自ら調査票を設計して行ったかだけである.しかし,この違いは決定的である.自ら行うサーベイ調査でだけ,自らの仮説は十全な意味で検証可能なのである.事例調査から導き出したあるタイプの存在が,全体の中でどれだけの比率を占めているか,見出された要因間の連関が他の要因をコントロールしても成り立つかどうかは,事例研究の結果に即応した要因の変数としての測定や尺度化がどこまで説得的にできているかに依存している.それらをすべて一貫させるには,事例研究に対応した要因の測定を質問紙によって自ら行うしかない.すなわち,サーベイ調査というのは,いわば特殊なかたちで書かれた資料を作り出すことに他ならない.どのような意味で特殊であるかは,次の第6章で詳しく述べることにしよう.

ここでは,最後にもう一度,書かれた資料の聞き取り調査およびサーベイ調査との組み合わせ方について確認しておきたい.

聞き取り調査との組み合わせ方

聞き取り調査によるデータの収集には,独特の限界があった.直接面談して行うがゆえに量をこなすことができないということである.そこで,聞き取り調査は数の限られた事例研究に用いる

のがもっとも有効であり，研究課題にたいする仮説を構成するために行うのが有効な方法であった．それゆえ，ある程度の見通しや仮説が得られたならば，その後もむやみに事例を増やしていくのは，あまり有効とはいえない．この段階では，書かれた資料の分析を活用すべきなのである．

　まず，類似の聞き取り調査にもとづく事例の報告を資料として参照することで，ある程度自らの確認した事例の典型性を検討することができるし，その結果別の重要なタイプが存在することが認められた場合には，仮説を拡張したり，必要に応じて自ら事例を追加することになるだろう．このように，まずは書かれた資料で事例を増やしていくという組み合わせ方が存在する．

　次に，聞き取った事実を文書資料によって裏づけるという組み合わせ方がある．むしろ，これがもっともオーソドックスで，古くから利用されてきた古典的な方法である．かつての村落研究者は，聞き取り調査を行う際に，「人の話は当てにならないから，必ず文書資料をもらってきなさい」と教えられたという．本書は，たとえ事実関係の確認としては当てにならない人の話であっても，それはそれで独自の意義があるという立場にたつが，それでも語られたことを文書資料で確認することは，非常に重要な基本的手続きである．さらに，その手続きは，語られたことが確からしいかどうかを判定するというだけに留まるものではない．むしろ，語られたことと書かれたことのずれそのものが，非常に重要な社会的事実を示してくれる場合がある．すでに紹介したように，ハレーブンは倒産した工場の元従業員たちが口を揃えて，あの会社はあのときの大きな争議でつぶれたと回想したことに注目した．残された記録では，実際に会社が倒産するのは争議が終わってし

ばらく経った後のことなのである．そこからハレーブンは，従業員たちにとって，人事制度が改められた争議以降の会社は，もはや自分たちが働いてきた，かつての会社ではないと意識されているという事実を明らかにすることになる．語られた当事者の主観的な意識や解釈と，書かれた客観的事実や公式の解釈との食い違いという，この2つの方法の組み合わせによって，より深いレベルでの事実やその意味するところを明らかにすることができるのである．

サーベイ調査との組み合わせ方

書かれた資料というデータは，聞き取り調査のデータとサーベイ調査のデータの中間的な位置にある．したがって，書かれた資料では十分でないところを埋めるのが，サーベイ調査の役割と考えることができる．つまり，聞き取り調査によって得られた，あるタイプの存在やある要因間の連関の，量的な位置づけや存在を，書かれた資料がある程度間接的に実証してくれる場合がある．ごく稀なケースでは，事実上かなりの程度検証できることもある．その場合，サーベイ調査をやるだけの費用を別途かける必要はあるまい．逆に，費用と人員の点でサーベイ調査の実施が困難な場合，統計資料などによる分析は，ある程度それを代替できるものなのである．

さらにいうならば，サーベイ調査は，既存の統計資料などの書かれた資料ではどうしても測定できないことや確認できない事柄を調べるために，行うべきだということである．国勢調査の結果を使った方が正確な場合には，わざわざ自前のサーベイ調査をや

る必要はないし，調査票の質問項目に含める必要もないわけである．

　このように，書かれた資料の活用は，サーベイ調査の必要を部分的に補強したり，代替することができる．しかしながら，完全にサーベイ調査の実施を不必要にするのは，ごく稀なことである．それでも，大きな費用と負担を要するサーベイ調査を，より焦点の絞られた，無駄のないものにするためには，書かれた資料との組み合わせが求められるのである．

第6章
サーベイ調査の方法

　本章では,いよいよサーベイ調査のノウハウについて述べる.従来,社会調査のテキストは,そのほとんどがここでいうサーベイ調査——質問紙を用いた標本調査——について解説したものであった.本書では社会調査の方法をもう少し広くとらえ,実践的に解説することに努めてきた.だから,ここでもサーベイ調査の方法という点では,必要最低限の説明に留めてある.つまり,他の方法と併用していくうえで知っておくべき最低限の原理的な理解を中心に,サーベイ調査の位置づけとそのノウハウを明らかにしていきたい.

　そこで,説明の形式としては,第2章に登場した庄太くんが,その後,サーベイ調査を本格的に学んでいくという設定をとることにしよう.

　2年生のときに社会調査実習を履修した庄太くんは,その後さらに学習を進め,本格的にサーベイ調査について学ぶことになった.

そこで庄太くんが最初に学んだのは，そもそもサーベイ調査とはどんなものか，ということである．それは，具体的には調査実習で最終的にやることになった質問紙による調査のことである．しかし厳密にいって，それはどのように考えるべきものなのか．講義はそこから始まった．

サーベイ調査の原理

　まず，サーベイ調査の正確な内実について確認しておきたい．サーベイ調査とは，質問紙を用いて行う標本調査のことである．質問紙は，標準化された質問文にたいして，やはり定型化された限られた数の回答選択肢の中から，あえて1つだけ選んでもらう形式のものでなければならない．つまりサーベイ調査とは，対象者にたいする働きかけを標準化したうえで，その回答を定型化されたいくつかの選択肢の中から1つだけ選ばせるというかたちで記録することによって作成した，書かれたデータなのである．そうやって誰がやっても同じような問いかけと記録ができるようにすることで，多くの調査員を使って大量のデータを収集することを可能にしたものなのである．そのことによって，全体を統計的に代表できるだけの数のサンプルを対象とする標本調査として活用できるのである．

　ここで，いくつか注意しておきたい．まず，回答選択肢は必ず1つだけ選択させることである．2つ以上選択させる方式として，マルチアンサーというやり方があるが，それでは，ここでいうサーベイ調査の分析はほとんど不可能になってしまう．よく考えてほしい．2つ以上選ばせた場合，それは何を意味するのだろう．

いくつか選んだそれぞれの回答の優先順位はどうか，それぞれの関連はどうかという具合に，複数の回答を得た瞬間に，それにともなう情報量が幾何級数的に増えてしまう．したがって，ひとつひとつの項目について，いちいち該当する・しないを確認したのでは煩雑なので，すべての項目を並べて該当するものだけを選んでもらうが，記録はひとつひとつ，ある・なしとコーディングするというやり方，つまりマルチアンサーのかたちはとっていても，実質はシングルアンサーとして処理しているということでなければ，ここでいうサーベイ調査のデータにはならない．よく順位をつけて第3位まで応えさせるというものがあるが，これは単純集計にだけかろうじて意味のある，とても学術的な検討には値しない代物と考えて差し支えない．

　サーベイ調査にたいする初歩的な疑問として，限られた選択肢の中から無理やり1つだけ選ばせても，現実はわからないという意見がある．しかし，そうしなければ複数の調査員で同じ質のデータを大量に集めることはできないのである．そして，だからこそ選択肢に無理がないように，事前に聞き取り調査にもとづく事例研究や，書かれた資料を活用した分析を積み重ねておくのである．ここで考えてほしいのは，聞き取り調査の場面においても，事情は同じだということである．対象者は調査者の働きかけに応じて反応するのであって，問いかけとは無関係に真実を語るわけではない．それゆえ，重要なのは，調査者の問い方にたいする対象者の応え方から真実を探るということであって，特定の問いかけ方に優劣があるわけではない．ただ聞き取り調査の場面では，その情報量の多さと柔軟性の高さゆえに，そのつど問い方を調整できるだけのことである．

したがって，サーベイ調査がやっていることは，標準化された質問文と回答選択肢による聞き取り調査の文書化ということであって，原理的には他の2つの方法と何ら変わるところはないのである．

　ここまで聞いて，庄太くんは自分たちが調査実習で最後にたどり着いたのが，不完全ながらサーベイ調査であり，たどり着くまでの経緯にそれなりの意味があったことに改めて気がついた．ひとりひとりが思い思いにやる聞き取り調査では，なんとなく状況はわかっても，まとまった成果は得られないこと，だからどうしても同じ聞き方である程度の数を集めなければならないこと，そのため最後は質問紙調査になるということ，それらがひとつひとつ合点のいく思いであった．

　しかし，サーベイ調査も万能ではない．講義は次にそのような側面へと進んでいった．

サーベイ調査の意義と限界

　そうすると，ここでも重要なのは，サーベイ調査の意義と限界を知ることである．サーベイ調査は，調査者側の働きかけと対象者側の回答を統制することで，量的な分析が可能になるように，データを標準化するところにその本質がある．したがって，そこにデータとしての豊かさや，全体性を求めることはそもそも筋違いである．だとしたら，なぜそうまでして量的な処理を求めるのか，ということを理解しておく必要がある．それはやはり，統計

的な意味での代表性や，全体的な位置づけを確定するところにある．そのようなことを確定する必要のある段階とは，もうすでに前もって複雑な現象の諸関係がいくつかの要因に分析され，それぞれの関係の統計的・量的な評定のみが問題になっているような段階である．そのような段階に至って初めて用いるべき方法なのである．よくついでだからといって，自由回答の設問を入れようとする人がいるが，回答選択肢がしっかりとつくれないようなら，サーベイ調査そのものを断念すべきであるし，そもそも自由回答に応えてくれるのは限られた人々で，その内容もまちまちであるから分析のしようがない．示唆を得ることができればという人もいるが，それなら聞き取り調査をきちんとやる方がよいのである．

　要するに，サーベイ調査の段階で，データの深みや広がりを求めること，それ自体が間違っている．むしろサーベイ調査は，複雑な現実をある限定された指標によって明確に分けて測定することが，その複雑な現実の分析のために有意義であることがすでにわかっている段階で行うものなのである．そして，その指標は明確に限定された質問文と回答選択肢によって測定され，変数とよばれるのである．それゆえ，質問文の作成には，意味が二重になっていたり（ダブルバーレル），回答に大きな影響を及ぼすおそれのある用語（ステレオタイプ）は避けるようにするなどの約束事がある．正しい質問文や質問票のつくり方に関するノウハウについては，次章で述べることにしよう．

　このように，サーベイ調査の方法は，事例研究などであらかじめ重要と考えられた限られた変数だけを測定し，それらの組み合わせによって対象や現象をとらえようとするもので，そのように限定することで，ある程度の量のサンプルを収集し，統計的な資

料批判を可能にした方法なのである．われわれの日常的な他者理解や事例研究における深みと広がりのあるデータは，それこそ無数の変数の組み合わせが全体として総合的に評価されたものであり，とてもサーベイ調査でとらえられるものではない．サーベイ調査は，あくまでそのような認識のごく一部を取り上げたものにすぎない．しかし，それらの限られた変数の共変関係を統計的に検討することで，それがどの程度一般的に成り立つかを，確率論的に明らかにすることができるのである．それが，サーベイ調査の意義と限界であり，それゆえ「予備」調査として，聞き取り調査や書かれた資料の分析が不可欠なのである．そして，それらによって明らかにされてきた知見を，誰もが納得できるという意味で「客観的」なものにするために，サーベイ調査は最終的にどうしても経なければならない手続きなのである．

　自らの調査実習での体験から，改めて納得する庄太くんであった．しかし，さらに学習を進める庄太くんには大きな壁が立ちはだかる．それは統計学という数学の壁である．本来文系の庄太くんら学生にとって，これは大変な難物である．いったいどこまで理解する必要があるのだろうか……．

サンプリングと統計的検定の原理

　以上から，サーベイ調査において，質問票が原理的にどのように作成されなければならないかの原則がのみ込めたことと思う．

次に，サーベイ調査があえて情報を削ぎ落としてまで確保しようとする，統計的な意味での「一般性」についてふれておきたい．それはすなわち，サンプリングと統計的検定の原理である．

　サンプリングの原理，つまり標本抽出の目的とは，対象全体を意味する母集団から，その母集団の特性を反映した，母集団よりは小さな集団＝標本を選び出し，その標本について集計を行うことで，母集団全体の傾向を確率論的に推測するというものである．そうすると，ここでのポイントは３つあることになる．最初に母集団の範囲をどう定めるか，次にどうやって標本を抽出するか，最後にそこからどうやって母集団の状態を推測するかである．後の２つは標本抽出と検定とよばれるものである．

　まず，意外と論じられることが少ないのが，最初の母集団の画定という作業である（わずかに原・海野（2004）と原・浅川（2005）に詳述されている程度である）．それは，当該の問題にとって対象となる全体が，どの範囲であるかを決める作業を意味する．これは原理的にいって，操作的なものにならざるをえない．たとえば，全国の有権者の動向をとらえるといっても，全国という国家の成員を原理的に確定するという作業は，厳密にはさまざまな困難をともなう．社会調査の場合，そこには深入りせず，とりあえず全国の選挙人名簿に載っている人の全体を，母集団と考えておくのである．それを，とりあえずの便宜的な手続きという意味で「操作的な」画定という．

　ここで問題なのは，サンプリングをするためには，母集団全体を網羅する名簿が必要だということである．これは，考えてみれば大変な矛盾である．そもそも母集団が大きすぎて，全数調査ができないから標本調査をやるのに，その過大な母集団の全数を網

羅した名簿がないと，正確なサンプリングが不可能だというのである．そのため，名簿の有無にもとづいて，操作的に母集団を画定せざるをえない場合が非常に多くなってしまう．そのことを，まずわきまえておかなければならない．

さらに，母集団の操作的な画定に無自覚な人にありがちな誤解に，サーベイ調査はつねに一般的な人口を母集団とする一般サンプルを対象に普遍的な法則性を追究する方法であるから，母集団をはじめから限定したようなサーベイ調査には，あまり意味がないという考え方がある．確かに，当初コロンビア大学で開発されていったサーベイ調査は，ラジオ聴取者や大統領選挙の投票者などを対象にしており，特定の地域や集団・階層に限定されることのない一般サンプルであった．したがって，そのような活用が典型的であるように考えられがちであるが，たとえば第1章でふれた『アメリカ兵』において設定されていた母集団は，明らかにアメリカの兵士たちであった．見ようによっては，アメリカ兵に関する事例研究に，サーベイ調査を用いているわけで，直接一般サンプルでの法則定立を目的としていたわけではない．それでもサーベイ調査が不可欠な研究であることは間違いない．つまり，たとえ一般サンプルでなかったとしても，対象がある程度の大量現象である限り，事例研究の方法として，サンプリングを必要とする場合がある．都市の特定のコミュニティといっても，人口が何千人もいるならば，サンプル・サーベイは不可欠である．以上のように，母集団をどう設定するかは，それほど自明なことではないのである．

ここまではよく理解できる話である．庄太くんはちょっと安心した．たぶんこの標本をうまく抽出すれば，母集団のことがわかるということだろう．ではその抽出はどのように行うのだろうか．

さまざまな方法のサンプリング

次の標本抽出というのは，それほどむずかしいことではない．母集団を忠実に反映するような標本を選ぶためには，いわゆる無作為抽出という方法をとる．無作為というのは少々誤解を生む言い方で，実際にはある条件が満たされるように慎重に作為しなければならない．その条件とは母集団に含まれる個体が，サンプルとして選ばれる確率がすべて同じになるように抽出するということである．簡単にいうと，くじびきの要領で，よくかきまぜてから選ぶというやり方である．理想的なのは，母集団の個体にすべて通し番号をふって，1から N（N は母集団における個体の総数）までの間の乱数を導き出し，必要な標本数を抜き出すという方法である．これを「単純無作為抽出法」という．ところが，このやり方は大変面倒なものである．住民基本台帳などの母集団を網羅した名簿——これをサンプリング台帳という——を使用する場合，乱数の出方によって名簿のあちこちに散在する対象者を，いちいち書き取らなければならない．名簿に前もって通し番号がふられていることなど稀なことだから，いちいち数えるとなると大変な面倒である．

そこでよく用いられるのが，「系統抽出法」とよばれる方法である．これはスタート番号だけを乱数で決定し，その後はすべて等間隔で抽出していく方法で，たとえば，母集団の総数 N が

1000 で，抽出したいサンプル数 n が 90 だとすれば，$N/n=11$（あまり 10）となるので，間隔を 11 にして順に抽出していくと，ちょうど 90 のサンプルが抽出されることになる．この場合，スタート番号は 1 から 11 までの乱数にすればよい．これだと名簿を順に一度だけ繰っていけばよいわけで，なにより前もって決めておいたサンプル数を確保することができるので，大変便利な抽出法である．ただし，名簿の側に何らかの周期性がある場合には，同じタイプのサンプルばかりが抽出される可能性があるので，注意が必要である．

　もうひとつよく用いられるのが，「確率比例抽出法」である．たとえば，全国を代表するサンプルをとるとしても，全国の住民基本台帳を対象に一挙にサンプリングを行うことは不可能である．まずはいくつかの市町村を選び，そのうえである程度まとまった数の標本数をそれぞれに割り当てた方が，調査票の回収という点でも便利であろう．そこで，サンプリングを 2 つの段階に分けて行う方法なのである（これを「多段抽出法」という．確率比例抽出法は多段抽出法の一種である．詳しくは第 7 章で説明する）．

　対象とする市町村が m 個あるとして，それぞれの人口数が N_1, N_2, N_3, ……, N_m であるとする．最初にまず市町村を選ぶわけだが，このときに各市町村が選ばれる確率を人口数に応じた比例配分になるようにする．つまり，k 番目の市町村が選ばれる確率が，N_k/N（N は N_1 から N_m までの総数）になるように抽出するのである．そうすると，次はそれぞれの市町村から同じ数の標本数を抽出すればよい．このやり方で，特定の市町村に含まれる任意の個人が選ばれる確率は，結果的に同じことになる．簡単な代数の証明問題なので，やってみてもらいたい．確率はすべて，$1/N$

になるはずである．この方法だとサブグループをいくつ選ぶかも，サブグループからいくつのサンプルを抽出するかも，任意に決められるので，きわめて便利である．

その他，男女や年齢別に前もってサンプルを割り当てる「層化抽出法」などの方法もあるが，詳しくは第7章で改めて紹介することにしたい．

ここまでもまだ理解しやすい話である．問題は次の統計的検定である．はたしてどのようにして標本から母集団の特性を推測するのだろうか．

統計的検定の考え方

3つめに問題になるのが，得られたサンプルからどうやって母集団のあり方を推定するかという，統計的な検定の考え方である．まず，原理的な理解から述べておきたい．聞き取り調査にたいする書かれた資料のもつ利点として，資料批判によって，そのデータがどの程度信頼できるかを客観的に検討できる点を指摘しておいた．サーベイ調査における統計的な検定の意義もこれと同様で，サンプルにおける分析結果が，どの程度母集団においても当てはまるかを，確率論的に確定できる点に最大の利点がある．そして重要なのは，それをつねに間違える確率1％以下（100回やって1回間違えるかどうかという確率）というかたちで表示できるということである．ただし，これこれの確率で関係がないとはいえないといっているだけで，関係があるといっているわけではないことに注意する必要がある．○○％で有意差があるという言い方は，な

い場合が○○％以下という少ない確率だといっているだけなのである．統計的な検定というものは，積極的に何らかの関係があるといえるものではなく，関係がないという確率は低いということが示せるだけなのである．

なぜそうかというと，有意差検定はつねに関係がないという前提に立った場合に，実際の観測値が観測される確率を計算し，それがきわめて小さい（1％以下）ことをもって，関係がないとはいえない（有意である）と結論するという手続きをとるからである．この場合の「関係がない」という前提に当たる仮説を「帰無仮説」という．否定するために立てる仮説であるという意味で，無に帰する仮説という意味である．

さて，この原理を，直感的にわかりやすいものとして，平均値の差の検定を例に示してみよう．

平均値の差の検定

全国の小学校6年生を母集団として無作為抽出した標本で，男女別にその平均身長を計算したとき，男子が140cm，女子が150cmになったとする．この結果から，母集団において女子の方が平均身長が高いといえるかどうかを検定する場合を考えてみよう．まず，帰無仮説として，「男女の平均身長に差がない」という仮説を立てる．そのうえで，男女の身長の平均値の差 t の値（上記の例の場合，女子の身長を t_1，男子の身長を t_2 とすると，$t=t_1-t_2$ なので150cm−140cm＝10cm）を計算する．これを「統計量」という．検定という手続きは，帰無仮説にもとづいて，この統計量の分布を明らかにし，標本から得られた観測値がその分布にもとづいてど

の程度稀なことであるかを確定するという手順をとる．そこで，問題はその分布をどう考えるかであるが，母集団から何度もサンプリングを繰り返して，$t=t_1-t_2$という統計量を計算し，その値をグラフに記録していくことをイメージしてみるとよい．無限回サンプリングを繰り返していくと，男女の平均値に差がないとすれば，tの値は0を中心として左右になだらかに広がる，何らかの分布になると考えられる．実はこの統計量の分布が，いくつかの前提を満たすことを条件に，すでに知られていることによって検定が可能になるのである．この分布さえわかっていれば，実際の観測値——ここでは10cm——の0からの隔たり具合によって，その観測値が実現する確率がどの程度のものであるかが評定できる．それが100回サンプリングをして1回ぐらいの稀なことならば，最初に立てた仮説（帰無仮説）は否定されるべきで，その場合に「1％水準で平均値に有意な差がある」と表現するわけである．

　以上のように，帰無仮説にもとづいてある統計量の分布を知り，そこから観測値が実現する確率が低いことを示して，帰無仮説を棄却するというのが，統計的な検定の基本的な手続きである．そして，検定の種類によって統計量や分布の型が異なっているので，それが当該の検定を特徴づけることになる．あるタイプの平均値の差の検定では，t分布にもとづくt検定が用いられ，クロス表の検定で使われるχ^2（カイ二乗）検定は，χ^2分布にもとづいている．ここで重要なのは，そのような分布が成り立つためにはいくつかの前提があるということである．たとえば，t分布を使うt検定では次のような前提が満たされていなければならない場合がある．

(1) 2つの独立な正規母集団から無作為標本が抽出されていること．
(2) 2つの母分散が等しいこと．

　このむずかしい前提を理解することが，ここでの問題ではない．検定にはこのような前提があって，それらが満たされないときには，検定結果が当てにならない場合がある，ということを理解することが重要なのである．それゆえ，ある種の統計量を使って検定を行うときには，その分布が当てはまるためのいくつかの前提条件を理解しておく必要がある．そして，その前提がとても成り立っているとはいえない場合もあることを知るべきである．たとえば，上記(2)の前提が満たされる場合と満たされない場合とで，計算法が異なっていたりする．また，平均値の差の検定の場合，一般に変数はすべて正規分布（p.134参照）することが仮定されている．例にあげた身長などの変数は正規分布することが知られているが，社会調査で測定するような変数は単純に正規分布を仮定することができない場合も多い（たとえば，永住意思などは高い方に極端に偏ることが多い）．その場合は別の検定法を選ぶ必要が出てくる．そのようなことを，たとえ数学的な原理はよくわからなくても，知っておく必要がある．

　以上が，平均値の差の検定を例に説明した，検定という手続きの原理である．ここでは，この原理だけを説明しておく．その他，さまざまな統計量とその分布が利用されるが，ここではこれ以上ふれない．次の第7章ではいくつか代表的なものについて紹介するので，そこで最低限の理解は得られるだろう．ほとんどの統計量と検定結果については，統計ソフトが自動的に計算してくれる

が，その原理と意味合いについては，たとえ計算式の詳細までは理解できないとしても，知ったうえで使いたいものである．

　統計量の分布がなにゆえ知られているのかは，庄太くんにもよくわからない．しかし，いくつかの条件のもとで，それが数学的に証明されているらしいことだけは，わかるような気がした．とりあえず統計ソフトを利用するうえでは，その証明のための前提条件に注意して利用することが重要であるらしい．

　次は集めた調査票のデータをコンピュータに入力して，集計・分析する際の数学的な発想について学ぶことになる．ここで応用されるのが，代数・幾何の世界，すなわち方程式と行列と図形の世界である．

マトリックスデータの世界

　次に，調査票を使って測定したデータと，その分析がいったい何をやっているかについて考えてみたい．サーベイ調査の調査票は回答選択肢から1つだけ選ばせるのが原則であるから，1人の対象者からは調査票にもとづいて一連の回答が得られることになる．1つの質問から得られた回答を「変数」とよぶならば，1人のサンプルについて一連の変数の値が得られることになる．いいかえれば，1つのサンプルが複数の変数値の束＝列（行列）で表されることになる．事実，回収された調査票の山は，対象者＝サンプル番号を先頭とした m 個の変数値の列1行で表され，サン

	変数1 サンプル番号	変数2 性別	変数3 年齢	……	変数 m ……
	1	2	43	……	……
	2	1	26	……	……
	3	2	32	……	……
	⋮	⋮	⋮	⋮	⋮
	n	1	57	……	……

データ行列 n、変数 m

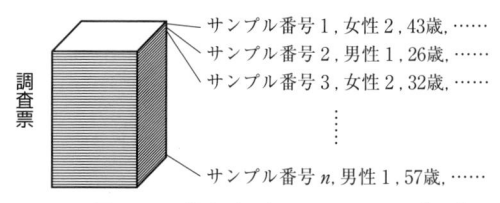

調査票
- サンプル番号1, 女性2, 43歳, ……
- サンプル番号2, 男性1, 26歳, ……
- サンプル番号3, 女性2, 32歳, ……
- ⋮
- サンプル番号n, 男性1, 57歳, ……

図6-1　調査票からマトリックス（行列）データへの変換

プルの回収票数が n 個ならば，$n\times m$ の行列に集約されるわけである．これがサーベイ調査によって得られるマトリックスデータなのである．このイメージを図示したのが，図6-1である．

ところで，問題はそのことの意味合いであるが，それはこういうことである．1つのサンプルを m 個の変数の組み合わせで表現するということは，1人の人間をいくつかの属性で理解することと同じである．たとえば，サンプル番号1番さんは43歳の女性で，大学卒，年収1000万〜1500万円で，従業員1000人以上の企業の雇用者で，専門技術職の仕事をしているという具合である．サーベイ調査のデータというのは，個性ある人間を有限個の属性だけでとらえたものなのである．そんな限られた数の属性だけで1人の人間のことがわかるものかということもできるが，聞き取り調査で他人を理解する場合も，原理的には同じであること

に注意すべきである．少々考慮する変数が多いだけで，原理的には同じことをやっているのである．彼女は女だからこうだとか，若い男だからこうだろうと考えるとき，実際にはそれほど多くの要因から判断しているわけではない．したがって，サーベイ調査のマトリックスデータは，聞き取り調査や事例調査でわれわれが他者を理解するやり方とほとんど変わらないものなのである．

　これを，代数・幾何の世界（連立方程式を示す行列とそれを座標軸上に示した図形の世界）に近づけたかたちで示すならば，次のようになる．サーベイ調査で得られたマトリックスデータとは，n人の対象者ひとりひとりがm次元空間上の1点として散らばっている，そんな世界である．数学が苦手な人でも3次元の世界までは，かろうじてイメージできるだろう．年齢x_1と身長y_1と体重z_1の値によって，ある人がx軸とy軸とz軸からなる空間上の1点で示されるというのは理解できるはずである．これと同じように，4次元，5次元，6次元，……，m次元と拡張され，n人の人がそれぞれm個の変数の組み合わせで表現されるというわけである．こういう現実離れした論理の単純な拡張が素直にイメージできるかどうかで，数学の得手不得手が決まってくるようだが，それはさておき，そうするとサーベイ調査のデータ分析はいったい何をやっているかというと，次のように説明できる．

　n個のサンプルはこのm次元空間に均質に散らばっているわけではない．多くの場合，いくつかの集群をつくっている．つまり，女性で40代の人は結婚して子どもをもっている場合が多く，無職でPTAや地域活動に参加することが多い，これにたいして男性の50代は結婚して子どもをもっていることは変わらないが，有職で仕事以外の活動はいっさいやっていないという具合に，一

連の変数の組み合わせにパタンがあって,いくつかの類型をなしているわけである.サーベイ調査のデータ分析とは,ひとつにはこの集群=有意味なタイプを見出してその分布を明らかにすることである.一連の変数の組み合わせが現実的な意味をもつことは,聞き取り調査などの事例研究によって仮説として構成することができる.しかし,それが実際に母集団の中でどれぐらいの比重を占めているかは,サーベイ調査でしか確認できないわけである.なお,もうひとつ,サーベイ調査でしかできないことがあるのだが,それについては後の節で述べることにしよう.

定性的な変数の世界と定量的な変数の世界

ここまで,マトリックスデータで示される代数・幾何の世界において,サーベイ調査のデータ分析が行われることの原理的なイメージについて述べてきたが,実はこれにはひとつ留保が必要である.とりわけ多変量解析とよばれる代表的な分析手法では,いずれも個々の変数を測る軸は,原則として0を中心としてマイナスの無限大からプラスの無限大まで広がる数直線が前提とされている.中学校までの数学でいうと,x軸とy軸が直交する2本の数直線からなるというものである.つまり,ここでは変数はすべて実数値をとる連続量的なものとして測定されているのである.このように連続量的な数値をとる変数——たとえば,年齢や身長のような変数——を,ここでは「定量的な変数」とよんでおく.テキストによっては,数量的な変数といったり,連続変数といったりするものである.

これにたいして,実際の世界のほとんどは,男と女,管理職と

事務職，子どもがいるかいないかというように，明快に区分されたカテゴリーとして測定される場合の方が多い．このような変数を，ここでは「定性的な変数」とよぶことにする．したがって，実際には変数値が均質に一直線上に並ぶのではなく，0，1，2，3，という具合に離ればなれに，何の序列も順序もなく区分されているだけである．他のテキストでは質的な変数といったり，カテゴリカルな変数とよばれたりするものである．

　この定性的な変数と定量的な変数は，数学的な前提をまったく異にするものであり，以下に述べる通り，用いるべき分析方法からして違っている．そして，実際には圧倒的に多い定性的な変数において，用いることのできる方法は非常に限られていて，クロス表と分散分析ぐらいである．しかも後で述べる制約により，サーベイ調査において初めて可能になるような分析が，十分にはできない場合が多い．これにたいして，仮に現実の世界とそれほど隔たることなく，変数が定量的に測定できたとすると，使用できる分析方法は飛躍的に多くなる．いわゆる多変量解析のさまざまな方法は，すべて定量的な変数を前提としている．しかも，これらの分析方法において初めて，サーベイ調査でだけ可能な解析ができるようになる．だから，ほとんどのテキストは多変量解析の手法の解説に多くのページを割いているのである．

　ところが，そのような魅力的な分析を説得的に展開するためには，本当は定性的にできている世界を，無理なく定量的な変数として測定したり，そのための尺度を構成したりする必要がある．社会調査が対象とする世界は，多くの場合，定性的である．しかし，われわれはそれを定量的に考える場合もある．たとえば，医者や弁護士はあくまで個別の職業だが，職業的な地位の高さとい

う点では，同じものと見ることもできる．そのように，あらゆる職業を，その地位の高さという点で定量的に測定した尺度に，職業威信スコアがある．また，ある活動をしたことがあるかどうかを聞いた場合は，その回答はあるかないかの定性的な変数であるが，どの程度やったことがあるかを段階的に聞けば，定量的な変数にいくらか近いものになる．一般のテキストにはあまり書かれていないことだが，魅力的な多変量解析を活用するためには，まず測定と尺度の構成が適切に行われなければならないのである．

　ここまでの説明を聞いて，庄太くんはまた調査実習での自分たちの試行錯誤を思い出した．最初インタビューで自分たちが聞いてきたことを，調査票による調査で集計・分析しようとしたとき，どうもうまくいかないと感じたのは，このことだったのである．定性的な世界と定量的な世界の違いだったのだ．そして，代数・幾何の考え方や多変量解析が可能なのは，あくまで定量的な世界での話なのである．定量的な世界を現実の定性的な世界で考えるからわからなくなってしまう．多変量解析は定性的な世界を単純に定量的に考えた場合の話だと考えると少しはわかるのかもしれない，と庄太くんは思った．では，どうやって現実の定性的な世界は定量的にとらえられるのだろう．

決定的に重要な測定と尺度——質的世界の量的世界への変換

ところで，この測定と尺度という問題が，日本ではあまり重要

視されていない．それには，日本における社会調査の位置と課題という問題が関連している．たとえば，社会調査にとってきわめて重要な変数——階層的な地位の高さや政治的な関心の高さ，主観的に幸福だと思う度合など——を，適切に定量的な変数として尺度化する作業は，最重要視されてしかるべき大切な研究のはずである．事実，諸外国では多くの努力がなされ，定番といえる尺度が開発されている．ところが，日本ではこれに関する専門研究者は皆無に近く，広く利用されているのは，前出の職業威信スコアが唯一のものである．

　サーベイ調査に関して「数字で何がわかるか」と批判するのならば，本来はこの測定と尺度が適切であるかどうかを一番に問わなければならないはずである．サーベイ調査のデータ分析の結果にもとづき，これこれの要因がもっとも大きな影響力をもっているので，このような政策的な介入をすべきだと主張しようと思えば，まずは，個々の事象が的確に測定されているかを示さなければなるまい．サーベイ調査を批判するにせよ，活用するにせよ，測定と尺度がなによりも重視されてしかるべきなのである．しかも，これまでに述べてきた通り，この測定と尺度の妥当性の検討こそが，いわゆる質的な調査によって検証されなければならないことなのである．聞き取り調査を中心とした事例研究においてこそ，サーベイ調査における測定と尺度の適切性を問うことができるはずである．したがって，質的調査と量的調査の対立が叫ばれた日本においてこそ，測定と尺度の重要性がもっと問題にされるべきだったはずである．

　にもかかわらず，それが問題にされることがなかったということが，すべてを示しているように思う．質的調査の意義を強調す

る人は，それを的確に測定し数値化することの意味を理解しようとしなかったし，量的調査による分析を好む人は，それがどれほど質的な現実と即応しているかにあまり頓着してこなかった．それは，社会調査の結果を，誰もが納得できるだけの，客観的で科学的なものにまで高め，それにもとづいて，誰もが納得できる，民主的な意思決定の素材にしようという意欲と機会に恵まれることの少なかった，日本の社会調査をめぐる現実を反映している．

　それゆえ，ここでは改めて測定と尺度の重要性を強調しておきたい．

　なんてことはない．多変量解析の世界はあくまで調査票による測定の仕方とそうやって測定された変数の処理の仕方（尺度）によって，構成されるものなのである．庄太くんは合点のいく思いであった．要するに，現実の世界とは別に，単純に構成された数学的な世界での分析結果を参考に，現実のリアルな世界を考えていこうということである．それは，とりあえず摩擦も空気抵抗もない世界を考える物理学のモデルに近い．物理学ならば，誰もモデルがそのまま現実だとは考えないし，現実とモデルが違うといってモデルをつくること自体を否定する人はいない．社会調査も同じなのだ．

　そうすると問題は，実際の分析過程で，今はいったいどちらの世界で考えているのかを見極めて，それにふさわしい分析手法をとることである．庄太くんは，数学がわかるわからないではなく，このことに注意していこうと考えてみることにした．

それぞれの世界の分析手法とその特質

　さて，すでに述べたように，定性的な変数で測定されたか，定量的な変数で測定されたかによって，使用できる分析手法が異なってくる．ここでは，それについて整理しておきたい．

　まず，用いる変数がすべて定性的な変数である場合，使用できるのは唯一クロス表による分析のみと考えてよい．現実の世界は多くの場合，定性的であるから，クロス集計がもっとも直感的にわかりやすく，これだけで重要な知見が示せれば，それに越したことはない．後でも述べるが，単純な分析では明確に示し切れないことがあるから，より複雑な分析手法を使うのであって，単純集計やクロス集計で明確に示せるならば，それが一番である．また，多変量解析でしか明確に示せないことでも，すべてクロス表の組み合わせから推測はできるものである．逆にいえば，クロス表でわからないことは，多変量解析をやってもわからないと考えた方がよい．ところで，このクロス表分析で用いる代表的な統計量が χ^2 値であり，その検定法が χ^2 検定である．次節ではその考え方だけを説明する．具体的な計算法については第7章で紹介するので，別途確認してほしい．

　次に，用いる変数がすべて定量的な変数である場合，もっとも単純な2変量の関係を示すのが，相関係数と回帰分析であり，3つ以上の変数を扱い，他の変数の影響を除いたものが，偏相関係数と重回帰分析である．いわゆる多変量解析とよばれる分析手法は，すべてこの定量的な変数で測定されていることを前提にしている．たとえば，因子分析，クラスター分析，パス解析などであ

る．

　最後に，定性的な変数と定量的な変数の両方が含まれている場合の分析についてもふれておこう．まず，分析の際にいわゆる原因と結果に当たる，説明する方の変数と説明される方の変数を，それぞれ独立変数と従属変数とよんでおくならば（他に，説明変数と目的変数，説明変数と被説明変数という言い方もある），独立変数が定性的で，従属変数が定量的な場合に用いることのできる分析手法がある．すでに紹介した平均値の差の検定が，それである．また，この場合は独立変数のカテゴリーは2つであったが，3つ以上ある場合には，一元配置の分散分析という方法を用いる．さらに独立変数自体が複数になる場合に用いることのできるものに，二元配置の分散分析やロジスティック回帰分析がある．ただし，ロジスティック回帰分析の場合は，従属変数がある事象が起こるか起こらないかという2つの値しかとらない，いわゆる2値変数（2分変数ともいう）でなければならない．しかし，この場合は独立変数として，定量的な変数と定性的な変数の両方を用いることができる．

　なるほど，独立変数と従属変数のそれぞれが定性的か定量的かで，用いることのできる分析手法が違ってくるわけだな．庄太くんはこれを表6-1のように整理してみた．

表 6-1　変数の種類と使用可能な分析法

独立変数	定性	定性	定量・定性（2値）	定量
従属変数	定性	定量	定性（2値）	定量
	クロス表	平均値の差の検定 分散分析	ロジスティック回帰分析	回帰分析

クロス集計と χ^2 検定

それでは，クロス集計から見ていこう（図6-2）．クロス表とは，それぞれ i 個と j 個の値をもつ2つの定性的な変数を組み合わせてできる $i \times j$ 個のそれぞれのセルに当てはまるケースを数え上げて表示した集計表である．操作的に左側（縦）に独立変数を，右側（横）に従属変数を配置する．各セルには度数（ケースの数）と縦に見た場合の比率（縦パーセント），横に見た場合の比率

		従属変数（$j = 3$）			計	
		自民党	民主党	その他		
独立変数（$i = 2$）	男性	50	30	20	100	
		50.0%	30.0%	20.0%	100.0%	── 横パーセント
		55.6%	42.9%	50.0%	50.0%	── 縦パーセント
		25.0%	15.0%	10.0%	50.0%	── 全体パーセント
	女性	40	40	20	100	
		40.0%	40.0%	20.0%	100.0%	
		44.4%	57.1%	50.0%	50.0%	
		20.0%	20.0%	10.0%	50.0%	
計		90	70	40	200	周辺度数
		45.0%	35.0%	20.0%	100.0%	
		100.0%	100.0%	100.0%	100.0%	
		45.0%	35.0%	20.0%	100.0%	

図 6-2　クロス表の例（男女別支持政党）

第6章　サーベイ調査の方法

(横パーセント)，さらには全体の中で占める比率（全体パーセント）の4つの指標を示すことができるが，通常は独立変数の影響を見ていくので，横パーセントだけを表示すればよい．横に見て独立変数のカテゴリーごとに，従属変数の分布が異なっていれば，関連があるということである．たとえば，男性の支持政党は自民党の比率が，女性の場合は民主党の比率が，それぞれ男女合わせた全体の支持政党ごとの比率よりも高いという場合などである．全体の分布を示す一番下の段（逆にみた場合の右端も含めて，これを周辺度数ないし周辺分布という）と比べながら，分布の偏りを見ていくのである．

　2つの変数の間に何の関連もないという帰無仮説にもとづくならば，各行の横パーセントはすべて周辺度数の横パーセントと一致するはずである．そのように横パーセントがすべて一致するように割りふられた値を期待値という．周辺分布から割り出されたこの期待値と実際の値との差の二乗をすべて足し合わせた統計量が χ^2 であり（この説明は若干簡略化したものなので，正確には第7章を参照してほしい），その分布を使って行うのが，χ^2 検定である．ここで注意しておきたいのは，この分布が成り立つための前提として，すべてのセルに十分なサンプル数が確保されていなければならないという制約があることである．この制約は非常に重要である．なぜなら，セルの数が増えると，ケース数が0ないし極端に少なくなる可能性が高くなって，検定ができなくなってしまうからである．特に，次節で詳述するように，第三の変数をコントロールしようとすると一挙にセル数が増えてしまい，検定が不可能になる場合が多い．したがってクロス表分析の場合，コントロールできる変数は1つがせいぜいで，いわゆる3重クロス集計に留

まることが多い．実は，これが定性的な変数による分析のもつ限界なのである．つまり，複数の変数の影響を除いたうえで，特定の変数のもつ独自の影響力を特定するという，サーベイ調査のデータ分析において初めて可能になるもうひとつの利点が，変数が定性的に測定されている限り，生かせないわけである．これが，少々無理をしてでも変数を定量的に測定し，多変量解析の世界に持ち込もうとすることの理由である．

　クロス表による集計ならば，庄太くんもやったことがある．調査実習のときに学部ごとに違いがないか，いろいろとやってみたものである．これが一番現実に近いものだったのだと，改めて庄太くんは思った．

　しかし，重要なのは，他の変数の影響を取り除いた独自の影響力を明らかにすることだという．ははあん，これが現実から離れた数学的なモデルの話なのだなと，だいたいの見当をつける庄太くんであった．実際，講義は徐々にその方向へ進んでいった．

分散分析

　同じことは，従属変数が定量的で独立変数が定性的な場合の分析手法についても当てはまる．平均値の差の検定についてはすでに述べたので，ここでは分散分析を取り上げる．3つ以上のカテゴリーに分けて従属変数の平均値をそれぞれ計算した場合，その分け方に意味があるかどうかが，分散分析で明らかにできることである．ここでも，どのカテゴリーの平均値もすべて等しいとす

る帰無仮説を立てるが，重要なのは，定量的な変数の分散に注目する点である．

　分散とは，平均値からの各測定値の隔たりを，その差の二乗の平均をとって示したものである．分散の値を，さらに平方根をとって実際のイメージに戻したものが，標準偏差である．数学的な世界になじみのない人間には，標準偏差の方が実態に近くわかりやすい気がしてしまうが，計算が面倒なので，一般には二乗したままの分散を使うことが多い．分散の値が大きいということは，変数の値が散らばっているということで，逆に小さければ，平均値の周辺にまとまっているということである．定量的な変数の分析では，この分散にどのような影響を与えるかが，ひとつの焦点となる．つまり，ある要因を考慮に入れると，分散が小さくなるということが，すなわち，ある明確な影響を与えるということであり，ある値をとる確率を高めると見ることができるのである．そういう意味で，特定の独立変数が，どれくらい従属変数の分散を小さくできるかで，その規定力を示すことができる．このことを統計的には，よく「○○の程度の分散を説明する」と表現する．

　ところで，分散分析ではn個のカテゴリーに分けた場合，その分け方に意味があるとすれば，分けたカテゴリーの間の分散は大きくなり，分けた個々のカテゴリー内部の分散は小さくなるはずである．前者を級間分散，後者を級内分散といって，両者の比をとって統計量としたのがF値である．このF値が大きければ大きいほど，このカテゴリーに分けたことには意味があるということであり，このF値の分布が知られていることによって，統計的検定が可能になるというわけである．詳しい計算方法や分布については，第7章で紹介することにしよう．

さて，今説明したのは独立変数が1つの場合（これを一元配置の分散分析という）である．これに m 個のカテゴリーをもった，もうひとつ別の変数を加えるならば（これを二元配置の分散分析という），$n \times m$ 個のカテゴリーについて，平均値を計算することになる．そうすると，1つめの変数 v_1 だけの影響と2つめの変数 v_2 だけの影響，さらに両者の組み合わせによってもたらされる影響（これを「交互作用」という）のそれぞれを算定できることになる．ところが，ここでも $n \times m$ 個のセルがすべて0や1でないという条件が満たされなければならない．ゆえに，クロス表分析と同様の限界をもつことになる．

　最後に，ロジスティック回帰分析だけが，このような制約から自由であり，その意味で大変有用な分析法として，近年よく用いられるようになっている．ロジスティック回帰については，まだあまりよいテキストがないが，第7章で簡単な紹介を行うので，参考にしてもらえればと思う．

　　分散分析は，従属変数が定量的な場合に用いられるもので，ここに分散の説明という考え方が登場する．しかし，独立変数は定性的なので，クロス表と同様の制約があるという．次はいよいよすべてが定量的な多変量解析の世界である．庄太くんは身の引き締まる思いである．

回帰分析と重回帰分析

　以上の説明から，すべてを定量的な変数として測定し，多変量

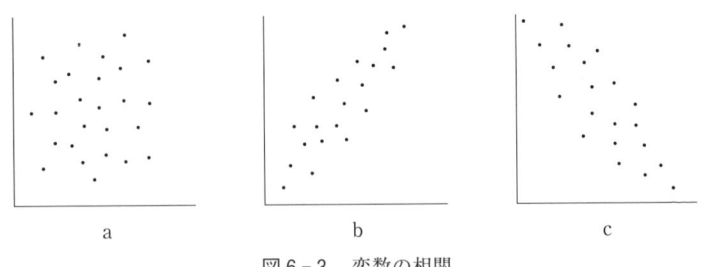

図6-3 変数の相関

解析の世界に持ち込んだ方が，ある特定の変数の独自の効果を，他のすべての変数の影響を数学的に除いたうえで表示できるという，サーベイ調査のもうひとつの利点が生かされるという事情がわかってもらえるだろう．だからこそ，社会調査のテキストでは多変量解析の説明が多くを占め，サーベイ・データの分析では，測定の適否はさておき，このような手法が多用されるのである．ここでは，まず基本となる回帰分析と重回帰分析の原理だけを確認しておきたい．

2つの変数の現実の分布をx軸とy軸によって表示される2次元空間上にプロットすると，たとえば図6-3のa，b，cのような分布がありうる．aは2つの変数にまったく関係がない場合，bは一方が大きくなると他方も大きくなるという正の相関がある場合，cは一方が大きくなると他方は小さくなるという負の相関がある場合である．この相関の強さを示したものが相関係数である．相関係数は，単に現実の測定値がどれだけ関連しているかを記述したものにすぎない．これにたいして，この現実の分布を題材としてxの値からyの値がどの程度予測できるかということを考えようとするのが，回帰分析である．このときに用いるのが回帰直線である．たとえば，bのような現実の分布が観察されたと

き，xとyの関係を示す直線を引いてみるわけである．もっともふさわしい直線はすべての観測値からの距離の総和が最小になるような引き方であることは，なんとなく理解できるだろう．厳密にはこれを「最小二乗法」という．こうして引いた回帰直線によって，ある値x_1からy_1を予測した場合，x_1の値をとるyの値は，実際にはy_1だけではなく，その周辺に散らばっている．しかし，その分散の大きさはy全体の平均値からの分散に比べれば，小さくなるはずである．そうするとxという変数を考慮することで，それだけ分散を減らすことができたわけで，その度合がyにたいするxの説明力と考えるわけである．もう少し詳しいことはやはり第7章で述べることにして，とりあえず以上が回帰分析の概要である．

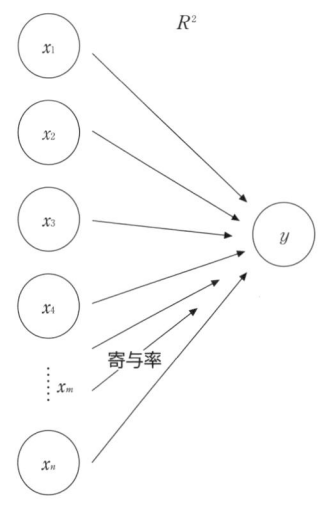

図6-4 重回帰分析の単純なモデル

これと同じことを3つ以上の変数で行うのが，重回帰分析である．そんなことがどうして可能なのかと思ってしまうかもしれないが，数学的な論理の拡張によって，2つの変数とまったく同じように考えることができるのである．図6-4はそのもっとも単純なモデルである．従属変数yの分散を独立変数x_1からx_nのn個の変数によって説明するとしたら，n個の変数で全体の分散のどれだけが説明できるか（これを決定係数R^2という），他の変数の

第6章　サーベイ調査の方法　133

影響をすべて除いた場合，特定の変数 x_m の独自の影響がどれくらいか（これを寄与率という）などの度合を示す数値を計算することができる．つまり，クロス表や分散分析ではケース数の制約から不可能であった，複数の変数をコントロールして，ある特定の変数の独自の規定力の度合を明らかにするという芸当が，ここに初めて実現するのである．

　このことの意義については，後ほど改めて述べることにして，ここでもやはり，そのことが成り立つためには，いくつかの前提条件があることを確認しておきたい．個々の分析法についてそれぞれ重要な制約があるが，一般的に定量的な変数の分析においていえることは，リニアな（線形の）関係が前提されている場合が多いということである．線形とは，一方が増えれば他方も増えるという，一直線上に進んでいくような関係である．途中から関連の仕方が逆になるような事態は想定されていない．それは関連がないと評価されるのである．たとえば，図6-5のような事態である．要するに，変数を定量的に考えることに無理があり，定性的に関連しているということであろう．さらに，これらの分析において，変数はすべて母集団で正規分布することが前提とされている．正規分布

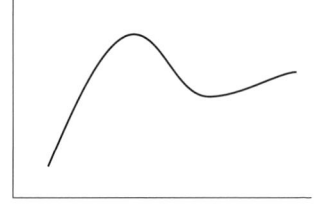

図6-5　リニア（線形）ではない関係

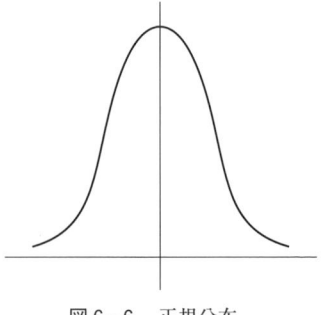

図6-6　正規分布

とは自然界でよく見られる，真ん中がふくらんで左右になだらかな曲線が広がる図6-6のような分布で，身長や体重などの変数がそうである．ところが，質問票で測定された変数が必ずしもこの形に近いとは限らない．たとえば，都市の人口などは図6-7のように分布することの方が多い．測定した変数が正規分布に近いといえるかは，最低限確認しておく必要がある．場合によっては対数変換をした値を使わなければならないこともあるので，注意が必要である．

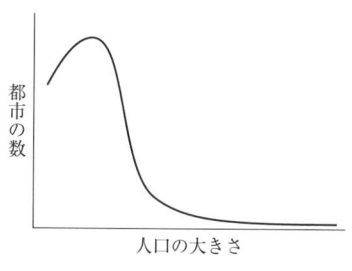

図6-7　都市の人口の分布

　わかったような，わからないような……，庄太くんの素直な感想である．本当にわかったと思うには，やはり実際に数式を書いて，自分で解いてみなければならないのだろう．ここではとにかく原理的な考え方だけを理解したつもりでいることにしよう．実際の分布にもとづいて，予測できる度合というものがあって，3つ以上の変数に拡張すると，個々の変数の貢献度合が個別に算定できる．とりあえずそういうことなのだ．もう少し詳しい説明については，第7章でまた考えてみよう．この手の数学的な説明は何度も繰り返し学んでいくしかない．いろんな講義やテキストでちょっとずつ違った説明に接するうちに，徐々にわかってくるものなのである．庄太くんも，そうやって少しずつ理解が進んでいる段階である．

因子分析とクラスター分析

その他，社会調査でよく用いられる代表的な多変量解析の方法について，簡単に解説しておこう．因子分析とクラスター分析である．ここでも，より詳しい説明は第7章に譲ることにして，それぞれの概要についてだけ述べておきたい．

因子分析については，もともと学力の判定や知能テストから始まったものと考えるとわかりやすい．たとえば，いろいろな教科の点数の分布から，それらに影響を与えているいくつかの能力を推定することを考えればよい．記憶力がいいと英語や社会の点数がいいとか，思考力があると数学と国語の点がいいといったように，実際には多くの変数によって測定されているものを，それよりも少ない要因＝因子によって集約的に表現しようという方法である．つまり，観察された多様な現実から，より本質的ないくつかの潜在的な要因を導き出し，より効率的に全体を説明するところがあるので，社会科学者の思考には非常にぴったりくるものがある．そのため，何でもかんでもやってみたという誤用や乱用も多い分析法である．したがって，因子分析によって初めて潜在的な要因が発見できたというよりも，誰もが予想できる範囲で，納得できる要因が導き出された場合に，より説得力をもつ方法であると考えた方がよい．むしろ，測定や尺度をつくる際によく用いられる方法であることを強調しておこう．たとえば，主観的な幸福感と一口にいっても，さまざまなレベルや次元に分かれているはずである．それらの構造を確認する方法としても，よく用いられる．

次に，やはり社会科学的な発想との親和性という点で重宝するものに，クラスター分析がある．社会調査において，一連の質問にたいする回答パタンを分類したいという場合は多い．たとえば，さまざまな集団への参加のパタンを分類するという場合である．クラスター分析が行う操作は，以下のようなものである．すでに説明したように，調査票のデータは n 次元空間上の 1 点として各ケースが集群をつくっている．クラスター分析はこの集群の中で近いもの同士をどんどんまとめていって，最後にひとつにまとめてしまうという分析である．その過程で適当なグループに分かれたところでストップすれば，いくつかのクラスターに分類できることになる．ただし，この場合も，因子分析で因子をいくつ採用するかということと同様に，いくつのグループに分かれたところでやめるのがよいかについては，分析者の判断に任されている．したがって，ここでも誰もが納得できる区分が，前もって想定できるような対象に用いるのが望ましいわけである．

　ここでは，社会調査において有用な手法について，その概要と使い道，そして注意すべき点のみを述べてみた．使ってみようと思ったときは，少しむずかしいかもしれないが，計算の原理だけは学んでほしい．n 次元空間と行列式についてのイメージがつかめれば，かなり理解が進むことだろう．

　ここまでで数学的にはもっともややこしい多変量解析の紹介が終わった．調査実習を経験してから，なるだけ統計学や代数の授業にわからないなりにも出ていた庄太くんにとっては，ちょっと拍子抜けするほどに数式の出

てこない説明であった．しかし，その方が原理的な部分を推測しなければならない点で，かえってむずかしいのかもしれない．逆に，少し数式と格闘したことがあると，そういうことだったのかと合点がいくことが多いのだろう．次の第7章では，ここでの説明に対応した順番で，少し詳しい，若干の数式も含めた説明があるので，ぜひ格闘してもらいたい．庄太くんも改めて挑戦してみようと，自らを奮い起たせるのである．

集計の手順と原理

さて，かなり長く，それでもごく簡単にサーベイ調査の分析手法について述べてきた．その過程で前もって論じ始めてしまったことも多いが，改めて集計・分析の進め方とコツについて解説しておきたい．サーベイ調査のデータが使える状態になったとき，われわれはまずどこから手をつければよいのか．

それは，何をおいても，単純集計結果を見ることである．最初からやりたいことが決まっていて，すぐにでもクロス集計や回帰分析がしたいという事情があったとしても，まずサンプル全体の傾向を単純集計によって確認し，頭に入れておく必要がある．そこに思わぬ発見があったり，気をつけておくべき点が見えてきたりする．思ったようには測定がうまくいっていないことがわかったり，この質問の回答はあまり当てにならないかもしれないという判断がついたりもするものである．

次に，性別や年齢などの基本的な要因とのクロス集計を，すべて概観するという仕事がある．これを確認すると，単純集計以上に深みのあるサンプルの全体像が浮かび上がってきて，後の分析

にとっていろいろな示唆が得られる場合が多い．ここまでが，いわば前提作業である．この段階で，当該の調査とサンプルが解明を求めている事柄が，見えてくるものである．つまり，データそのものから自ずと見えてくる重要な事実というものである．それは多くの場合，調査者が事前に意図していたものではないかもしれない．しかしだいたいは，ここで気になったことにこだわった方が，よい結果が出るのである．なぜなら，よい調査とは新しい発見のあるものであり，それは調査者が事前に予測していなかったことが，対象やデータの中から自ずと見えてきたときに発見されるものだからである．

　ここまでを確認したうえで，事前に予定していた従属変数——つまりは説明したいと思っている変数である——の分析にかかるが，ここでもいきなり尺度の構成や多変量解析に入るのではなく，クロス集計や相関係数の計算，分散分析を行ってみることをお勧めする．前にも書いたが，多変量解析でうまく示すことのできる複数の要因の連関も，だいたいは複数のクロス表の分析から推測できるものである．逆にいえば，クロス表から予測できなかった多変量解析の結果には注意した方がよい．そして，ここでも従属変数をとりあえずあらゆる基本属性とクロスさせてみることをお勧めしたい．そのうえで徐々に変数を絞っていき，これという諸変数の連関が明らかになったら，それをもっとも要約的に，かつ明快に示すことのできる分析方法を，最終的に選ぶとよい．その場合も，必ずしも複雑な多変量解析を使うのがよいとは限らない．データの特質に応じて，もっともシンプルな方法を選べばよいのである．

　他方，多変量解析などを行う都合から，いくつかの変数を組み

合わせて，量的な尺度を構成する必要がある場合も多い．そういう場合も基本は，関連する変数の単純集計や相関関係を，クロス表や相関係数を使って確認するところから始めるべきである．

ここで，尺度構成の大原則を確認しておきたい．多くの場合，尺度は，一連の質問にたいする回答数を加算することで作成される．しかし，たとえば社会的な活動への参加の度合を，この1年間での活動経験や参加集団の数によって測ろうとするとき，関連する項目を単純に足し上げればよいかというとそうでもない．まずは，それらの変数同士の相関を確認する必要がある．定量的な変数の場合は相関係数を計算すればよいし，定性的なある・なしの2値変数ならばクロス表のϕ係数というのを計算すればよい（「ファイ」係数と読む．2×2のクロス表の相関を見る場合に適した係数である）．原則として加算してよいのは互いに相関している場合，すなわち1次元上に，つまり同じ次元に並んでいるとみなせる変数だけである．

たとえば，ボーイスカウトと子ども会，さらにはPTAへの参加ならば，互いに相関しているので，足し合わせれば，子ども関係の活動への参加の度合を示すと考えてよいだろう．ところが，老人クラブの活動や老人会への参加は，これらとは相関せず，それらは高齢者の活動を示す別の次元の尺度だと考えた方がよい．このように，加算尺度を作る場合，互いに相関するものを足し合わせるというのが大原則である．この原則にもとづいて考えていくと，少し凝った尺度をつくろうと思えば，一連の変数を因子分析にかけて，いくつかの次元の尺度を因子として抽出し，因子得点（p.182・183参照）をもって尺度とするという方法を思いつくことだろう．事実，主観的幸福感の尺度は，そのようないくつかの

下位尺度からなるものとして構成されている．

このように，次元の異なるものは原則として別の尺度として構成し，あえてそれらをすべて総合したい場合にだけ，内部的には複数の次元から構成されていることを承知したうえで，それらをすべて足し合わせて，総合尺度として使用する場合もあるわけである．

いずれにせよ，サーベイ調査のデータ分析の基本は，説明したいテーマとなる従属変数と，基本属性を中心とした独立変数との関連を，ひとつひとつ丁寧に確認していくことを大事にする点にある．この場合も，仮説はあくまで分析の出発点を定めるだけであって，その後は，むしろデータそのものが解明を求めている事柄に耳をすませるのが，分析を発見の多いものにする秘訣なのである．

なるほど，まずは単純集計とクロス集計か．庄太くんは納得する思いである．調査実習でやったときにも，結局は単純集計と簡単なクロス表しか使えなかったことを思い出した．実際，調査票による測定がうまくいった場合は，それだけで十分説得的なのである．

しかし，庄太くんにはここでひとつ疑問が浮かんできた．だとしたら，多変量解析は何のためにあるのだろう．複数の要因の影響をコントロールするとは，どういうことなのか……．

擬似相関とエラボレーション

以上の原則をふまえたうえで、サーベイ調査のデータ分析において基本的な手法を解説しておきたい。それは、一般的なテキストでは「エラボレーション」とよばれるやり方で、要するに変数の見かけ上の関連を見破り、真の相関関係を見出していく手続きである。

単純なクロス表による分析を例に説明しよう。表6-2に示したように、ある町の調査で地元の祭礼に参加するかどうかを40歳以上と未満で分けて比べた場合、40歳未満の若年層において参加率が低く、40歳以上の中高年層において参加率が高いことがわかったとする。そうすると、やはり祭礼は年配の人に支えられていると結論づけたくなるが、単純に加齢が進むことが地元の祭礼への参加を促すのだろうか。年齢の高い人は自然と居住年数も長くなるはずである。だとしたら本当は居住年数が長いことが原因であるにもかかわらず、年齢と居住年数が相関しているために、年齢層と祭礼への参加が関連しているように見えているだけかもしれない。このような見せかけの相関を「擬似相関」という。サーベイ調査のデータ分析においてもっとも基本的な分析の原理

表6-2　年齢層ごとの祭礼への参加

	祭礼参加	非参加	計
40歳未満	11.2%(42)	88.8%(332)	100.0%(374)
40歳以上	33.1%(40)	66.9%(81)	100.0%(121)
計	16.6%(82)	83.4%(413)	100.0%(495)

（　）内は人数　　　　　　　　χ^2検定：1％水準で有意

は，つねにこの擬似相関を見破って，真の相関を見つけ出すことである．その基本的な方法が，第三の変数をコントロールするという手法である．つまり，より本質的と思われる第三の変数との関連を探ってみて，そこにも相関があった場合には，その変数を統制変数としてコントロールしてみるのである．ここでの例でいうと，単純な居住年数の定量的な影響よりも，この町生まれであるかどうかが強く関連していたとしよう．その場合，表6-3のように，この町生まれの人とそうでない人とに分けて，年齢層と祭礼への参加のクロス表をつくってみる．このように3つの変数を組み合わせてつくるクロス表を，3重クロス表という（ダブルクロスという言い方もあるが，ややこしいのでここでは使わない）．結果を見ると，いずれも有意な差がなくなってしまう．ということは，年齢層と祭礼参加の相関は擬似相関であり，本当は地元出身者が祭礼に参加しているのであって，地元出身者の年齢が高いために，そのように見えただけなのである．若くても，地元生まれの人は祭礼に参加するし，年配の人でも，地元生まれでない人はあまり祭礼に参加していないのである．

表6-3　3つの変数によるクロス集計

		祭礼参加	非参加	計
この町生まれ	40歳未満	25.4%(17)	74.6%(50)	100.0%(67)
	40歳以上	39.8%(33)	60.2%(50)	100.0%(83)
	計	33.3%(50)	66.7%(100)	100.0%(150)
			χ^2検定：1％水準で有意差なし	
それ以外	40歳未満	8.1%(25)	91.9%(282)	100.0%(307)
	40歳以上	18.4%(7)	81.6%(31)	100.0%(38)
	計	9.3%(32)	90.7%(313)	100.0%(345)

( )内は人数　　　　　　　　　　　　χ^2検定：1％水準で有意差なし

すでに述べたように,この場合はいずれの変数もカテゴリーが最小の2であるために,3重クロスでも各セルにそれなりのケース数が確保できたが,セルの数が増えるにつれてそれは困難になる.だいたいの傾向は読み取れても,決定的な証拠としてのχ^2検定は使えなくなってしまう.さらに,3つ以上の変数をコントロールしようと思うと,クロス表では絶望的であることがわかる.二元配置の分散分析の場合も,事情は同じである.

　そうすると,なんとか変数を定量的なものに変換し,回帰分析の世界に持ち込むことができないか,と考えたくなってくるわけである.また,従属変数がある出来事が起こるか起こらないかという2つの値しかもたない2値変数の場合は,ロジスティック回帰分析を用いることもできる.いずれにせよ,こうやってやむをえず多変量解析の方法が必要になるわけで,クロス集計でほとんどのことがわかるというのも,そういう意味においてのことである.3つ以上の変数の関係がたぶんこうだろうというところまではわかっても,その関係を統計的に明示することはできないのである.

　さて,同じ擬似相関でも,それを生み出す変数間の関連はさまざまで,エラボレーションには実はいくつかの種類がある.詳しくは次の第7章を参照してもらえればと思うが,いずれにせよ,何らかの変数間の関連が見つかったときには,まず擬似相関ではないかと疑ってみて,変数間の真の関連に迫っていくというのが,基本的な分析の手順なのである.

　　　なるほど,それがクロス集計ですべてわかるが,さらに無理を
　　承知で量的な測定をして,多変量解析に持ち込むことの理由だっ

たのか．庄太くんは社会調査の一般的なテキストがなぜ統計だらけなのか，やっと合点がいった．そうすると，サーベイ調査自体の意義はどこにあるということになるのだろうか……．

サーベイ調査の 2 つの意義

　最後に，これまで何度かふれてきた，サーベイ調査にしかできない 2 つの事柄について，確認しておきたい．

　ひとつは，ある特質をもった人々ないし類型的な存在が，全体の中でどれだけの位置を占めているか，という数量的な比率ないし分布を確定するという役割である．これは測定さえうまくいけば，単純集計の結果だけで示すことができる．少なくとも，いくつかの変数の組み合わせから適切な合成変数をつくれば，その単純集計によって示せるので，せいぜいクロス集計を用いることで確定できるものである．この点は，母集団からサンプリングを行っているという，統計調査としての強みが発揮されたものである．

　これだけでも，聞き取り調査や書かれた資料の分析からは決して確定できることではないので，サーベイ調査の意義としては十分だが，もうひとつ，サーベイ調査でなければできないことがある．それは定量的な変数としての測定と尺度構成がうまくいった場合に，多変量解析という方法によって，初めて可能になる．典型的には重回帰分析によって示されるもので，要するに複数の変数の影響をコントロールしたうえで，特定の変数がもつ独自の規定力の度合を示すことができるということである．それは，従属

変数の分散をどれだけ減らすことができるか，いいかえれば，何パーセントの分散を説明できるかというかたち（寄与率）で示される．

　しかしながら，これはあくまで数学的にそれぞれの変数の規定力を分離して示しただけのものである．現実の世界は，大概はいくつかの重要な変数が共変的に絡み合っているので，それらの規定力を数学的に分離して示したところで，それほど意味はない．たとえば，本人の職業的な地位を規定するものとして，親の学歴と職業，本人の学歴があるとする．現実には，親の学歴や職業が高い人は，本人の学歴も高い場合が多いので，これら3つの変数のどれがどのくらい独自の規定力があるかを示したところで，それほど意味はない．しかし，ここに親の階層的地位にかかわらず，子どもには公平な階層的上昇のチャンスが与えられるべきだという政策的な関心が加わるならば，事情は異なってくる．親の学歴や職業は選べないとしても，本人の学歴は努力次第である．もし親の学歴や職業よりも本人の学歴の効果が大きいならば，希望はもてるということになる．政策的には，親の階層に関わりなく，子どもに等しく平等の教育機会を与えればよいということになる．すなわち，サーベイ調査の結果は，政策的な意図のもとで，操作可能な変数と操作不可能な変数が存在するとき，各変数の独自の効果が数学的に分離されて示されることが，きわめて重大な意味をもつ場合がある．多変量解析による特定変数の独自の効果の評価は，このような場合に有用なのである．つまり，いくつかの変数を操作して，現実に何らかの影響を与えようとする場合に，このような方法は意味をもつ．したがって，社会調査の結果にもとづいて，政策的な介入を意図する場合，個々の変数の独自の効果

を数学的に分離して示すことには，それなりの意義が存在するわけである．

　以上，2つの点がサーベイ調査の独自の効用であり，意義である．いずれも，政策的な意図をもって現実に介入する際，より多くの人々を納得させるために，どうしても確定しなければならない事柄であることがわかるだろう．何度も述べてきたが，社会調査はきわめて実践的な科学であり，民主的な政治的意思決定のための技術なのである．

　　サーベイ調査に関する一通りの講義は，これで終わった．庄太くんは少しほっとすると同時に，若干消化不良の感が残った．そこで，もう少し詳しいことを知りたい人を対象に，補講が開かれることになった．庄太くんがこれに参加したことはいうまでもない．

第7章
統計的技法の実際

　サーベイ調査の統計的な分析に関する最低限の理解は，第6章までの説明で十分であろう．本章では，そこで詳しくふれることのできなかった点について，いくつかの項目ごとに解説しておきたい．

　　　まずは，質問文作成上の注意事項，ワーディングの問題から補
　　　講は始まった．

質問文作成上の注意事項

　調査票の質問文と回答選択肢に，どのような言葉づかいを用いるかということをワーディングという．質問紙調査をやろうと思うとき，もっとも重要な具体的技術が，この質問票づくりである．したがって，本来ならば，このためのテキストがあってもよいくらいである．しかしながら，そこまでする必要はないという事情もある．ワーディングのいくつかの原則について述べる前に，ま

ず質問票づくりに関する大原則について述べておこう．調査票の質問文は自分で勝手に考えるな，という原則である．できる限り，これまで使われてきた定番の質問文を踏襲し，自分で新たにつくることは極力避けた方がよい．なぜなら，これまで使われてきて，それなりに分析に耐えうる測定方法を踏襲するに越したことはないし，なにより同じ質問文と回答選択肢を使うことで，初めて厳密な意味で調査結果の比較が可能になるからである．少しでもワーディングが異なっていると，たとえ意味は同じであっても，厳密には比較できないことになる．たとえば，職業を確認するなど事実関係に関する質問はまだよいとしても，意見項目などは，回答選択肢の設定ひとつでまったく別物になってしまう．まずはこの，質問文が異なると比較ができないということを確認しておきたい．したがって，これまで使われてきた定評のある質問文のデータベースづくりはきわめて有用であり，そのような努力の例として安田三郎の『社会調査ハンドブック』がある．しかしこれも少し古くなってきたので，そろそろ改めて作成してもよい時期にきているのかもしれない．

　さて，それでは具体的な留意点を列記していくことにしよう．まず，大前提として改めて，サーベイ調査そのものの意義について思い起こしてほしい．サーベイ調査の意義は対象者への働きかけと回答選択肢を標準化して，量的に加算可能な測定を実現するところにある．だから，質問文と回答選択肢は対象者に一意的な反応を促さなければならない．つまり，同一の明確な表現をとらなければならないわけである．

　そこで，よくいわれるのが，意味が二重になったり，対象者がどこに反応しているかが特定できないような質問文は，避けなけ

ればならないという点である．これはダブルバーレルとよばれるもので，たとえば，「青少年の非行は，家庭のしつけや学校の教育が悪いせいだと思いますか」と聞いてしまうと，家庭だと思って回答しているのか，学校だと思うのか，その両方なのかが特定できない．このような場合は2つの質問に分けた方がよい．同様に，回答選択肢も二重の意味があったり，選択肢が互いに独立でなかったりすることがないようにしなければならない．たとえば，「1．家庭に問題がある　2．学校に問題がある　3．家庭や学校に問題がある」という選択肢をつくってしまうと，どういう意見なのかまったく特定できなくなってしまう．「1．どちらかといえば家庭の問題だ　2．どちらかといえば学校の問題だ　3．どちらとはいえない，両方の問題だ」の方がいくらかは適切であろう．

　さらに，サーベイ調査における測定は，特定の選択肢に回答が集中してしまっては使いものにならない．回答はなるだけ対象者の意見にもとづき，分散した方がよい．そのため，特定の回答に偏りやすい聞き方や，ワーディングは避けるべきである．この点でよく指摘されるのが，誘導尋問的な質問を避けることと，好悪の感情を強く喚起してしまうような印象の強い用語や，ある特定のイメージをステレオタイプとして伴うような用語は使わないという原則である．たとえば，「官僚」，「利権」，「公共事業」などの言葉が並ぶと否定的な反応が増えてしまう場合があったり，「平和」，「人権」，「平等」といわれると否定しづらくなるということが考えられる．また，憲法についてのさまざまな問題点に関する質問をさんざ並べたうえで，最後に「現在の憲法を変える必要があると思いますか」と聞いて，「変える必要がある」と回答

した人が過半数を越えた，という新聞社の調査結果が報道されたことがあるが，これなども調査票全体として評価するべき結果であって，最後の質問ひとつへの回答だけで他と比べられるものではない．

　もちろん，ここにあげたことはすべて原則なので，あえてあいまいな表現のままにしておいたり，問題のある表現を使ったりする場合もないわけではない．事情によってはそれでもさほど支障がなかったり，むしろより適切と考えられることもありうる．しかし，それは質問紙調査にかなり熟達した人がやることなので，まずは原則通りやるのがよいだろう．その他，次のような常識的な意味での留意点が考えられる．誰にでもわかりやすい表現をとること，一部の人にしかなじみのない主観的な表現を避けること，むずかしい聞き慣れない表現をとらないこと，特定の回答を当然と考えたり，前提とするような聞き方をしないこと，などである．

　最後に，調査票の構成の仕方として，質問文の配列について述べておきたい．まず，比較的答えやすい質問から始めて，答えづらい質問は後に回すようにする．一般にフェイスシート項目とよばれる，対象者の基本属性——年齢や性別，職業，学歴，収入など——は最後に聞くのが鉄則である．また，質問の流れにある程度の納得できる筋道をもたせることも重要である．調査のタイトル（「○○に関する意識調査」など），調査目的の説明，協力依頼の文章，およびそれに続く質問文の流れに一貫した論理性のない調査票は，対象者に疑念を抱かせると同時に，調査者の力量を低く見せてしまうものである．郵送法などの場合には，端的に回収率に響いてくる．調査対象者はつねにこのようにして調査者を評価していることを忘れてはいけない．とりわけ，調査目的とは無

関係としか思えない質問が紛れ込んでいると，どうしてこんなことを聞くのかといわれてしまうので，注意する必要がある．対象者に意図がわかりにくいような質問項目がある場合には，調査員にあらかじめ納得できる説明ができるように指示しておくことも必要であろう．そういう意味でも，調査票は短ければ短いほどよい．何でもかんでも聞いておこうという調査票はつくるべきではない．

質問票ができると，次はサンプリングである．サンプリングは具体的にどうやってやるのだろうか．

サンプリングの技法

サンプリングの具体的な方法については，基本的に単純無作為抽出法，系統抽出法，多段抽出法の3つがあって，このうち多段抽出法に，確率比例抽出法と層化抽出法があると考えておけばよい（図7-1）．

単純無作為抽出法は，文字通り単純に母集団全体を対象に無作為抽出する方法である．原理は簡単だが，ほとんど実用に供しないのは第6章で述べた通りである．

これにたいしてもっともよく用いられるのが，系統抽出法である．原理はすでに述べた通りだが，ここではより具体的な手順も含めて解説しておきたい．サンプリング台帳としてよく用

```
      ┌ 単純無作為抽出法
      │
      │ 系統抽出法
      │                ┌ 確率比例抽出法
      └ 多段抽出法 ┤
                       └ 層化抽出法
```

図7-1　サンプリングの方法

いられるのは住民基本台帳である．従来は選挙人名簿の方が扱いやすいところがあったが，住民基本台帳法の改正にともなう公職選挙法の改正によって，選挙人名簿の利用は政治関係の調査に限定されることになってしまったので，これからは住民基本台帳を使うのが一般的になるだろう．住民基本台帳の場合，年齢に関わりなく，すべての住民が記載されているので，あらかじめ年齢を限定する際に注意が必要になる．

　住民基本台帳を使用するには，まず閲覧の申請が必要である．当該の自治体になるべく早く問い合わせることをお勧めする．学術研究に限って閲覧が認められるので，いろいろと申請に手間取る可能性が高い．閲覧の仕方については，自治体によってさまざまな制約があるが，大事なのは一度に何人で作業ができるかで，それによって必要な人員と時間的な目安をつけておく必要がある．そのうえで，まず決めておかなければならないのは，サンプリングの対象である．世帯か個人か，年齢や性別の制限はどうするか，などである．それが決まると，次にやらなければならないのは，母集団の総数 N を推定することである．なぜなら，それがわからないと抽出間隔が決められないからである．住民基本台帳については年齢，性別ごとの人口統計がかなり明らかにされているので，推定は比較的容易である．だいたいの総数が割り出せれば，総数 N を必要なサンプル数 n で割ることで，抽出間隔 i を前もって算定することができる（$i=N/n$）．もちろん作業の当日に実際の名簿で総数を確認した方が正確ではあるが，年齢や性別に制限を加えるとなると，当日数えるのも大変である．以下に述べるように，少し多めに抽出してもよいので，推定値にもとづいて抽出間隔を決めておけば，乱数で決める必要のあるスタート番号もあ

らかじめ決められて便利である．このスタート地点を決める乱数を出すという作業が意外とむずかしいのだが，事前に時間があればゆっくり決めることもできる．もっとも単純なやり方は，1からiまでの数字を書いたカードを用意して，よく切って1枚選ぶというものだが，一般的には乱数表を使う．ところが，この乱数表を使うやり方というのが結構ややこしいので，詳しい人にプログラムを組んでもらうことをお勧めする．エクセルのマクロを使って作成してもらうとよいだろう．

　さて，住民基本台帳を使うとき，むずかしいのは対象者を限定したい場合，たとえば，20歳以上の成人や女性のみに限定する場合などである．簡便な方法としては，該当しないケースに当たった場合にその近傍の該当するケースに振り替えるという方法があるが，厳密にいうと，これだと非該当者の近傍にサンプルが偏ってしまうので，正しい方法ではない．正式には飛ばして抽出し，それでも十分なサンプル数が確保できるように抽出間隔を設定しておく．最後まで抽出して，多めになった分はランダムに捨てる．この除いたケースは予備サンプルとして利用することができる．たとえば，挨拶状を出した段階で対象者が転居していることがわかった場合などに，順に補充していくのである．

　以上が，一般的に系統抽出法を使ってサンプリングする場合に前もって行う準備である．後は当日，スタート番号から始めて等間隔で抽出していけばよい．ところで，抽出単位を1つに設定してしまうと，いくら複数の人員で行っても，1人の人しか作業ができなくなってしまう．そこで複数の人員で作業ができる場合には，対象になる名簿を複数に分割しておいた方がよい．住民基本台帳の場合，普通は町丁目ごとにいくつかの冊子にまとめられて

いるので，あらかじめ作業できる人員ごとに分割しておくとよいだろう．

次に，多段抽出法のひとつである確率比例抽出法について述べておきたい．第6章で残した代数問題の証明である（p.112参照）．任意のサブグループ k に属する誰かがサンプルとして選ばれる確率を考えてみよう．まず，第一段階で m 個のサブグループからサブグループ k が選ばれなければならない．この確率は N の値によって比例配分するわけだから，N_k/N（N は N_1 から N_m までの総計）となる．さらに，第二段階でその人が選ばれる確率は，そのサブグループからいくつサンプルを抽出したとしても，$1/N_k$ である．この2つをかけると選ばれる確率になるので，$\frac{N_k}{N} \times \frac{1}{N_k}$．分母と分子で N_k が消えてしまうので，すべて $1/N$ になるというわけである．

最後に，やはり多段抽出法のひとつである層化抽出法について述べる．層化抽出法とは，あらかじめ母集団がいくつかの同質的なサブグループからなることが知られていて，かつその構成比がわかっている場合に，そのサブグループごとに別々にサンプリングを行い，全体のサンプルを構成する方法である．たとえば，ある地域の民族構成が知られている場合に，住民調査のためのサンプリングを民族集団ごとに行って，特定の民族集団のサンプル数が少なくならないようにするとか，高齢者や若者の比率が小さくならないように，年代ごとに分けてサンプリングする場合などに用いる方法である．この方法のメリットとしては，層化の判断が正しい限り，より少ないサンプル数で母集団をより適切に代表できることである．仮に同質性に関する判断が間違っていたとして

も，一般的なサンプリングよりも悪くなることはないので，大変有用な方法である．最近では，とりわけ特定の年代や特定の職業の人たちの回収率が低くなる傾向があるので，検討すべき方法のひとつである．

> 次は，測定尺度の詳細である．定性的なものと定量的なものに分けられる，変数そのものの区分とは少し異なるので，注意が必要なようである．

3種類の測定尺度──名義尺度，順序尺度，間隔尺度

第6章では，あえて定性的な変数と定量的な変数という2つの変数の区分だけに言及したが，実はこれと紛らわしいものに，3種類の測定尺度というものがある．これは変数の数学的な性質ではなく，調査票で測定したときの尺度としての性質を区分したものである．

まず，名義尺度とは測定した調査票の回答選択肢の数字が，あるカテゴリーを文字通り名義として示しているだけで，1や2といった数字には何ら数としての意味はないという場合である．性別や出身地にコードをつけて示すという，調査票での一般的な測定のことである．この場合は，名義尺度として測定したものが，そのまま定性的な変数ということになる．

これにたいして，順序尺度は1や2といった数字に順位としての序列は認められるが，1と2の間，2と3の間が等間隔であるとまではいえないような測定の場合をいう．たとえば，いくつかの職業名をあげて社会的な地位が高いと思う順に並べてもらった

とき，順位には意味があっても，1位の職業と2位の職業の隔たりが，2位の職業と3位の職業との隔たりと等しいとは限らない，というような場合である．調査票の回答選択肢として，よく用いられる，「1．そう思う　2．まあそう思う　3．どちらともいえない　4．あまりそう思わない　5．そう思わない」という類いの測定方法についても，厳密には順序尺度と考えるのが妥当である．しかしながら，実際にはこれを次に説明する，間隔尺度とみなして分析する場合も多い．

　間隔尺度とは，単なる順位だけでなく，1と2，2と3の間が等間隔であり，数値のどこをとっても同等な距離基準を示すような尺度である．この間隔尺度だけが，そのまま定量的な変数とみなすことのできるものである．たとえば，年齢や身長，人口規模や居住年数などで，社会学的な調査では自然なかたちで測定できるものは少ない．それゆえ，上述の本来順序尺度とすべきものを，分布を確認し，その限界をふまえたうえで用いたり，名義尺度として測定したものを，妥当な基準で数え上げるなどして構成する場合が多い．たとえば，参加している地域集団の数を足し上げたり，保有している耐久消費財の数を合計したりして，地域集団への参加度や消費生活の度合を測ったりするというやり方である．

　以上の3つの尺度によって測定された変数を，適切に定性的な変数もしくは定量的な変数として位置づけることが，具体的な集計・分析の出発点となる．そこからクロス表による分析を行うか，ある時点で平均値や分散を計算し，多変量解析を行っていくかを判断していくことが重要なのである．

　　こうして集計・分析の段階に進んでいくことになった．次は

χ^2 値の具体的な計算法である.

クロス表と χ^2 値の計算法

ここではクロス表の χ^2 値の計算法を解説する. 図7-2に示したように, x 個のカテゴリーをもつ独立変数 X と, y 個のカテゴリーをもつ従属変数 Y からなる, $x \times y$ のクロス表のそれぞれのセル ij の度数を k_{ij} としておく. そうすると, 従属変数 Y の周辺度数(Yの単純集計)はそれぞれ $k_{.j}$(. は1から x までの総計を示す)と表される. 同様に独立変数 X の周辺度数は $k_{i.}$ と示すことができる. 従属変数と独立変数の間にまったく関係がないとしたら, 期待値はこの周辺度数の分布と一致するはずである. したがって, k_{ij} の期待値 e_{ij} は,

$$e_{ij} = k_{i.} \times \frac{k_{.j}}{k_{..}}$$

となる. χ^2 値を計算するには, この期待値と観測値との差の二

		y_1	y_2	y_3	……	Y y_j	……	y_y	計
	x_1	k_{11}	k_{12}	k_{13}	……	k_{1j}	……	k_{1y}	$k_{1.}$
	x_2	k_{21}	k_{22}	k_{23}	……	k_{2j}	……	k_{2y}	$k_{2.}$
	x_3	k_{31}	k_{32}	k_{33}	……	k_{3j}	……	k_{3y}	$k_{3.}$
X		⋮	⋮	⋮		⋮		⋮	⋮
	x_i	k_{i1}	k_{i2}	k_{i3}	……	k_{ij}	……	k_{iy}	$k_{i.}$
		⋮	⋮	⋮		⋮		⋮	⋮
	x_x	k_{x1}	k_{x2}	k_{x3}	……	k_{xj}	……	k_{xy}	$k_{x.}$
	計	$k_{.1}$	$k_{.2}$	$k_{.3}$		$k_{.j}$	……	$k_{.y}$	$k_{..}$

図7-2 クロス表の χ^2 値の計算

乗をすべて足し合わせればよいのであるが，正確にはここで注意しなければならないことがある．このように計算した値はどんなときに大きくなるかというと，当然期待値と観測値が隔たっている場合もそうであるが，もうひとつそもそも観測値の値そのものが大きいとき（全体の度数=nが大きいとき）も，この計算式の値は大きくなってしまう（さらにもうひとつ，そもそもセルの数自体が多い場合も大きくなるが，これについては後述の自由度によって調整するわけである）．そうするとサンプル数が多いほど，χ^2値が自動的に大きくなるということになってしまうので，期待値と観測値の差の二乗をさらに期待値で割り，期待値にたいする比率の形にするのである．そうすると，n の値の影響がなくなって，正確な指標となる．ゆえに，

$$\chi^2 = \sum \frac{(k_{ij} - e_{ij})^2}{e_{ij}}$$

$$= \sum \frac{\left(k_{ij} - \frac{k_{i.}k_{.j}}{k_{..}}\right)^2}{\frac{k_{i.}k_{.j}}{k_{..}}}$$

と表せる．ここで $\sum$ は i と j のすべての組み合わせの総計を意味するので，

$$= \frac{\left(k_{11} - \frac{k_{1.}k_{.1}}{k_{..}}\right)^2}{\frac{k_{1.}k_{.1}}{k_{..}}} + \frac{\left(k_{12} - \frac{k_{1.}k_{.2}}{k_{..}}\right)^2}{\frac{k_{1.}k_{.2}}{k_{..}}} + \cdots\cdots$$

$$+ \frac{\left(k_{21} - \frac{k_{2.}k_{.1}}{k_{..}}\right)^2}{\frac{k_{2.}k_{.1}}{k_{..}}} + \frac{\left(k_{22} - \frac{k_{2.}k_{.2}}{k_{..}}\right)^2}{\frac{k_{2.}k_{.2}}{k_{..}}} + \cdots\cdots$$

$$+ \cdots\cdots$$

ということになる．これが χ^2 値の計算の仕方である．

さらに，具体的に χ^2 検定を使うときに出てくるものとして，「自由度」という言葉について説明しておこう．自由度という言葉は，そのものずばり「degree of freedom」という英語の翻訳である．この言い方の意味合いについては，ここでは述べない．当然それなりの背景と意味があるのだが，そういう変な言い方だととりあえず思っておけばよい．さて，これはどんなときに出てくる言葉かというと，実際に χ^2 値を計算した後で，これを χ^2 分布に当てはめて検定しようとするときに，自由度がいくつのクロス表であるかということによって，当てはめるべき分布の表が異なる，というふうに出てくるものである．そして，自由度は一般に $(x-1)(y-1)$ ——x, y はそれぞれクロス表のカテゴリーの数を示す——で求められるとされる．

すでに指摘しておいたように，χ^2 値はクロス表のセルの数が多いと必然的に大きな値をとる．したがって，χ^2 分布もこのセルの数によって分布そのものが変わってくるはずである．縦横のカテゴリーの数からそれぞれ 1 を引いた値を乗じて求める自由度は，このセルの数を揃えるためのものなのである．同じ自由度の分布に当てはめなければ，大きさ自体が変わってくるので意味がないというわけである．自由度という聞き慣れない表現は別として，χ^2 分布のときの自由度とは，そういう意味合いのものである（あえて簡単に説明すれば，周辺度数が決まっているとき，各カテゴリーから 1 引いた数のセルだけは自由な値をとることができるという意味である）．χ^2 値を手計算で集計し，それを χ^2 分布の表で検定するというやり方をする場合に知っておかなければならないことである．今ではほとんどの場合，クロス表の χ^2 検定は統計ソフトが勝手

に計算してくれるので,自由度○○というのは,単にアウトプットされるだけの数字になってしまったが,そういうものだということだけ説明しておく.

次は,まず独立変数が1つの一元配置の分散分析の詳細についての確認である.具体的には,F値とイータ二乗の計算法ということになる.

一元配置の分散分析

従属変数が定量的で,独立変数が定性的な場合,カテゴリーごとの平均値の差を比べることになる.カテゴリーが2つしかない場合は,すでに第6章で説明した平均値の差の検定を用いればよい(p.114〜117参照).ところが,一般的にはカテゴリーが3つ以上あることの方が多いだろう.それぞれのカテゴリーのすべての組み合わせについて,平均値の差の検定をすればよいようにも思えるが,それではかえって不正確になってしまうので,3つ以上のカテゴリーに分けたこと自体に意味があるかどうかを一挙に評価しなければならない.分散分析はそのための方法で,ここではまず独立変数が1つしかない一元配置の分散分析について解説する.

たとえば,親しくしている近所の人の数を大都市・中小都市・村落部の3つの居住地区ごとで比べる場合を考えてみよう.図7-3に示したように,3つのカテゴリーごとで,親しくしている近所の人の数の分布が存在し,それぞれに平均と分散が計算できる.ここでまず,この3つのカテゴリーの分け方に意味があると

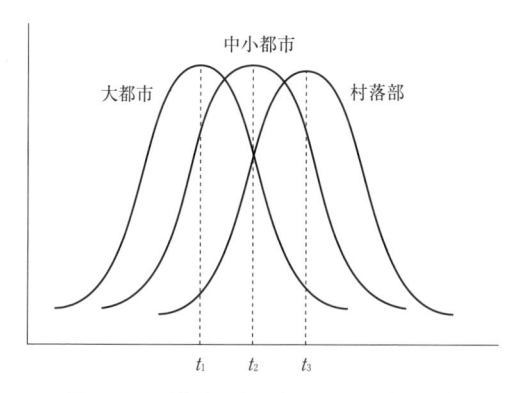

図7-3 居住地ごとの親しい近隣数の分布

はどういうことかを考えてみよう．単純な想定としては，大都市＜中小都市＜村落部の順に親しい近隣の数は増えていくと考えられる．つまり，それぞれの平均が小＜中＜大と差があることがまず求められる．さらにこの3つのカテゴリーのそれぞれでは，似たような値が集まって分散＝ばらつきが小さくなっていれば，もっといいだろう．それぞれのカテゴリーの間での散らばり具合（これを「級間分散」という）が大きく，それぞれのカテゴリーの中での散らばり具合（これを「級内分散」という）が小さければ，このカテゴリーに分けることの意味は大きいといえる．このことを端的に示す指標として，次のような統計量 F を設定する．

$$F=\frac{級間平均平方}{級内平均平方}$$

F 値が大きくなればなるほど，つまりカテゴリー間の差が大きくカテゴリー内の差は小さくなればなるほど，これらのカテゴリーに分けた意味は大きいことを示すことになる．そして，繰り返しサンプリングを行った場合の，この統計量 F の分布が知られて

いる．このF分布にてらして観測値のF値が大きく，生起する確率が十分に低いならば，有意差があるというわけである．実際の級間平均平方と級内平均平方の計算方法は以下の通りなので，以上の記述が具体的にはどのように数学的に表現されるかを確認してほしい（自由度で割るのは，χ^2値と同様，サンプル数とカテゴリー数の違いを調整するためである）．

$$級間平均平方 = \sum n_j(\bar{y}_j - \bar{y})^2 / (J-1)$$

（各カテゴリーの平均値$\bar{y}_j$と全体平均$\bar{y}$との差の二乗に各カテゴリーのサンプル数n_jをかけたものの総計を自由度$(J-1)$で割ったもの．Jはカテゴリー数）

$$級内平均平方 = \sum\sum (y_{ij} - \bar{y}_j)^2 / (N-J)$$

（各カテゴリー内の平方和＝個々の値y_{ij}と各カテゴリーの平均値$\bar{y}_j$との差の二乗の総和を足し上げたものを自由度$(N-J)$で割ったもの．Nはサンプル数）

ところで，Fの値だけではどの程度うまく分けられているかが表現できないので，分散分析ではよく相関比η^2（イータ二乗）という指標を用いる．

$$\eta^2 = \frac{級間平方和}{全平方和} \qquad (全平方和 = \sum\sum(y_{ij}-\bar{y})^2)$$

これは各カテゴリーに分けることで生まれた散らばり具合を，すべての散らばり＝全平方和で割ったものである．いわばこのカテゴリーによって説明できた分散の比率を示したものである．この考え方は重要である．従属変数が定量的な場合，独立変数によって従属変数の値がどの程度決まってくるかが問題になる．つまり，それは従属変数の分散がどの程度小さくなるのかということを意味する．ある独立変数を投入することで小さくなった分散を，そ

の変数によって説明された分散とよぶ．この分散の比率の大きさが，その変数の説明力を示すことになる．したがって，η^2 は特定の変数のカテゴリー区分が，どの程度うまく行われているかを示す指標として用いられるのである．このような指標の設定と利用の仕方は，回帰分析においても同様に行われる．

> 次は，独立変数が2つの二元配置の分散分析である．ここでは2つの変数それぞれの効果というだけではなく，2つの変数の組み合わせによる効果＝交互作用が問題になるという．

二元配置の分散分析

　二元配置の分散分析とは，独立変数が2つの場合の分散分析である．ところが，独立変数が定性的な場合，事態は複雑である．2つの変数の各カテゴリーの組み合わせが問題になるので，単純に2つのカテゴリーそれぞれの影響とは別に，2つのカテゴリーの組み合わせ方によって独自の影響が出てくることが想定される．

　少しわかりにくいと思われるので，具体的な例をあげてみよう．親しくしている近所の人の数を居住地だけでなく，性別の影響も加味して分析することを想定してみよう．大都市・中小都市・村落部という区分による説明に，男性・女性という区分による影響も考えるわけである．まず，単純にそれぞれの要因の影響を考えるならば，一方で大都市＜中小都市＜村落部という分布が考えられ，他方で男性＜女性という分布が考えられる．ところが，事はそんなに簡単ではない．居住地という変数の影響と，性別という変数の影響が，単純に加算されるだけならば簡単かもしれない．

しかし現実にはそうでない場合が多い．たとえば，定性的な変数が組み合わされる場合，ここでは居住地の3カテゴリー×性別2カテゴリー＝6通りの組み合わせがありうる．すべての居住地において女性の方が男性よりも親しい近隣数が多いとすれば話は単純だが，たとえば，都市部では近隣関係が女性によって担われているが，村落部においては世帯主である男性によって代表されていると考えられる．そのため，村落部の男性は，親しくしている近隣の数がきわめて多くなる傾向があるかもしれない．つまり，村落部という居住地と男性という性別が組み合わさると，単に居住地が村落部であるとか，性別が男性であるということ以上に，親しい近隣数が増大するという傾向を示すことが考えられる．常識的に考えれば，村落部の男性という独自のカテゴリーが存在するということであるが，変数と変数の影響としてものを考える統計分析の世界では，2つの変数が互いに影響し合うという意味で，これを交互作用（英語では単に「interaction」である）という．

　つまり，二元配置の分散分析では，単に2つの変数のそれぞれの影響だけではなく，この2つの変数が組み合わさることで生じる交互作用の影響も考慮しなければならない．このような交互作用効果がないかどうかを確認するために，すべてのカテゴリーの組み合わせごとで，従属変数の値がどのように分布しているかを確かめる必要がある．そのため，すべてのカテゴリーの組み合わせごとの従属変数の値が，すべて計算できなければならないわけで，それらのカテゴリーの組み合わせに該当するサンプルが0か1になってしまうと，分散分析全体ができなくなってしまう．このことが大きな制約なのである．

　ここで例にあげた3×2＝6通りぐらいならば問題はないが，カ

テゴリーがひとつでも増えるとどんどん組み合わせの数は多くなってしまう．そうするとサンプル数の少なさだけではなく，論理的にありえない組み合わせも出てくるかもしれないので，汎用的な分析手法としては制約が大きいわけである．そして，なによりも考慮すべき交互作用の種類がきわめて多くなり，たとえ効果が検出されても，その理由を考えることが非常にむずかしくなってしまう．あっという間に複雑な分析を余儀なくされることになる．

　だから，分散分析はせいぜい二元配置までで，できるだけ単純でかつ説明可能な交互作用が顕著な場合に限って利用すべきであり，そのような場合にのみ，威力を発揮する分析法ということになる．第6章で繰り返し論じたように，この分散分析のもつクロス集計と同様の制約ゆえに，変数が定性的である限り，3つ以上の変数の効果をそれぞれに分離して示すことは非常に困難であることがわかるだろう．このことが，少々無理をしてでも，変数をすべて定量的なものに変換して，多変量解析の世界にもっていきたくなってしまう事情である．それゆえ，どのように定量化したのかという，測定や尺度が重要なのである．

　それでは，次にその多変量解析の基本的なものとして，回帰分析の説明に入ることにしよう．

　　次は，いよいよ回帰分析である．ここから数学的には一挙に高度なレベルが求められるようになるので，数式による詳しい説明はやはり行わないそうである．庄太くんは，原理的な意味でより詳細な理解を得るよう努めなければならないのだなと考えて，改めて気を引き締めた．

回帰分析

　回帰分析についての教科書を見ると，ほとんどの場合，「相関と回帰」という表題が出てきて，相関は2つの変数が互いに関連していることであって，回帰は一方の変数から他方の変数を予測することである，というような説明がなされる場合が多い．いったいどう違うというんだ，とまずここでわけがわからなくなってしまう人が多いのではないだろうか．そこで，ここでは次のように考えておきたい．サンプリング調査をした場合，変数と変数の関連はすでに観測値として与えられている．そこでこの観測値のあり方をひとつのデータとして，これにもとづいて一方の変数の値から，他方の変数の値を予測することが，どの程度できるかということを考えてみよう．それが回帰分析である．つまり，観測値における現実の変数の「相関」にもとづいて，「回帰」を行うということである．相関と回帰の違いについて，それ以上考えることはやめにしよう．

　厳密には，2つの変数で考える場合を回帰分析，3つ以上の変数で同じことをするのを重回帰分析という．実際に有用なのは重回帰分析であるが，原理は回帰分析の方がわかりやすいので，説明は回帰分析に留めておく．

　さて，独立変数 x と従属変数 y が図7-4のように分布していることが，観測値によって得られているとしよう．中学校の数学でいやというほどやらされた一次関数である．観測値が図のように分布しているとすれば，x が大きくなればなるほど y も大きくなる，という直線的な（リニアな）関係が想定できる（いわゆる正比

例というものである）．このような分布を前提とするならば，xの値からyの値はどのように予測できるか．それが問題である．

　図7-4から思いつくだろうが，図7-5のような直線を引いて，これにもとづいてxからyを予測するのが自然である．これを回帰直線という．そうすると，問題はこの回帰直線をどのように引けば，もっとも予測が当たりやすいと考えられるかである．現実の分布を前提とするならば，イメージとしてあらゆる観測値の点からの隔たりが少ない線を引くのがよいだろう．つまり，図7-6のように，回帰直線から予測されるyの値と実際の観測値との差の総和が一番小さくなるように線

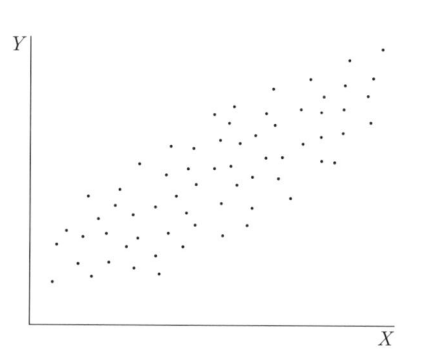

図7-4　観測値による2つの変数の分布

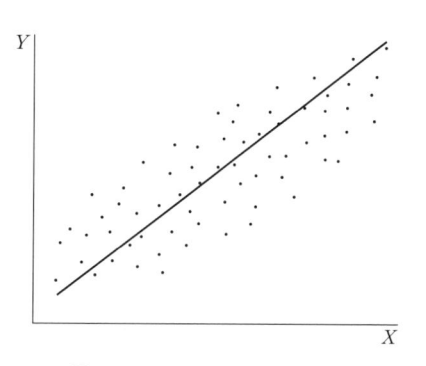

図7-5　予測のための回帰直線

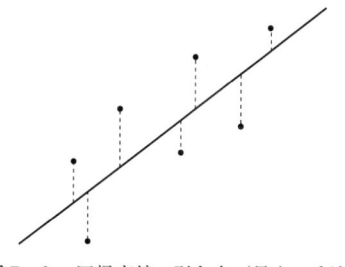

図7-6　回帰直線の引き方（最小二乗法）

第7章　統計的技法の実際　*169*

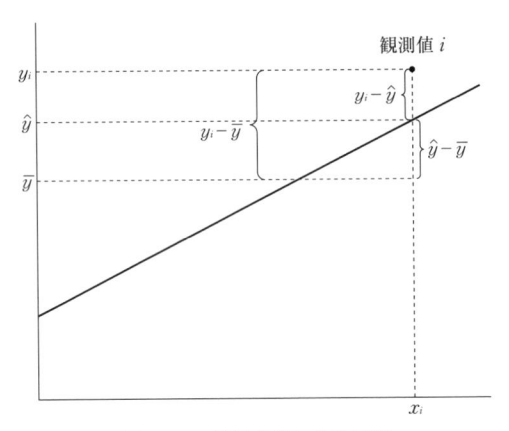

図7-7 回帰直線による予測

を引けばよいのである．予測値と観測値の差は計算上プラスになったりマイナスになったりするので，二乗してすべてプラスにしてから足し上げる．これを最小二乗法という．実際の計算式は大変複雑なので，ここでは省略する．

　さて，このようにして回帰直線が引けたとして，実際に予測はどの程度当たるのだろう．ここでも重要なのは，分散分析のときと同じで，分散をどれだけ小さくできたかということの評価である．図7-7でx_iという値に対応するyの値を予測するとしよう．もし回帰直線がなければ，予測値yの値としてもっともそれらしいのは，yの平均値$\bar{y}$といわざるをえないだろう．その場合のはずれる確率＝分散の値は，やはり測定値全体の分散と等しくなる．この場合はまったく予測によって分散を減らしていないことになる．回帰直線が知られていれば，全体の平均よりは当たる確率の高い$\hat{y}$を予測値とすればよい．そうすると少なくとも$\bar{y}$と予測す

るよりも，はずれる確率は小さくなる．数学的というよりは，直感的な説明にすぎないが，図7-7で仮に観測値がiだとしたら，$\bar{y}$と予測するよりも，$\hat{y}-\bar{y}$の分だけ分散を減らせたと考えてよいだろう．

　実際の計算式は省略するが，この回帰直線にもとづく予測によって減らすことのできた分散の総分散にたいする比率（分散分析のη^2に相当する）が決定係数R^2である．一元配置の分散分析と同様，独立変数が1つだけの回帰分析では，その変数の影響力がこの決定係数によって示されることになる．さらに，独立変数が複数になる重回帰分析においては，それら複数の変数の投入によって全体として説明できた分散の比率が示されることになる．つまり，決定係数は投入した変数全体の説明力，いいかえると，複数の変数によって構成された説明モデルの全体としての適合の度合を示す指標なのである．

　そうすると，次には個々の変数の規定力が確認したくなる．なぜなら，それができてようやく，複数の決定要因の中で，どの変数がどれぐらいの影響力をもっているかということを，数学的に識別するというサーベイ調査によってのみ可能な方法が，実現するからである．そこで少し話を戻すことにしよう．xとyの関係式はおなじみの一次関数の式で，

$$y = ax + b$$

と示される．aが回帰直線の傾きを示すわけで，これを回帰係数という．重回帰分析の場合には，

$$y = a_1 x_1 + a_2 x_2 + a_3 x_3 + \cdots\cdots + a_n x_n + b$$

と示すことができて，それぞれの独立変数に対応しているのが，

第7章　統計的技法の実際

それぞれの偏回帰係数(重回帰係数という場合もある)ということになる。この偏回帰係数というのは，式を見てわかるように，独立変数が1単位動いたときに，従属変数がどの程度の影響を受けるかを示すものである．それゆえ，それぞれの独立変数が従属変数にどれだけの影響を与えるかを示していると見ることもできそうである．ただし，このままだと実際の予測式であるために，それぞれの測定単位に依存してしまうので，偏回帰係数の絶対値が大きければ大きいほど影響力が大きいと理解するわけにはいかない．そこで，それぞれの変数の影響力の強弱を見るためには，単位の影響を取り除いて(すべての変数の分布が平均が0で分散が1になるように標準化して)求める「標準偏回帰係数」が用いられる．そして，これこそが各独立変数の独自の規定力を示す指標ということになるのである(さらに，この標準偏回帰係数に相関係数をかけると，その変数が単独に説明している従属変数の分散の割合＝寄与率になる)．そして，ここでは細かな説明は省略するが，上述の決定係数に示されたモデル全体の適合度とそれぞれの偏回帰係数に関して有意差検定を行うことができる．つまり，実際の統計分析においては，投入する変数を確定して行った重回帰分析の結果を，全体としての決定係数の大きさとモデル全体の有意差を確認したうえで，次に，個々の変数の標準偏回帰係数の値とそれぞれの有意差の有無を確認しながら分析していくのである．全体としてのモデルの適合度については決定係数を参照し，個々の変数の規定力の違いは標準偏回帰係数によって確認すればよいことになる．

　以上が回帰分析の基本的な原理であり，ここにサーベイ調査にしかできない，各変数の独自の影響力の評定という技法が，実現するのである．

次は，最近よく使われるようになったロジスティック回帰分析の説明である．まだあまりよい教科書がないといわれる技法なので，庄太くんは興味津々である．

ロジスティック回帰分析

　ロジスティック回帰分析とは，従属変数が2つの値しかとらない定性的な変数の場合に，回帰分析と同様の多変量解析を可能にする方法である．独立変数は主として定量的な変数であるが，定性的な変数も2値変数にすれば，同じように投入することができる．カテゴリーが2つに限定されるとはいえ，定性的な変数についても多変量解析が可能になるということで，近年よく用いられるものである．もともと医療分野で，特定の病気になるかどうかに影響する要因を特定するために使われたもので，社会調査分野でも大変有効なものである．しかし，初心者向けに解説されたわかりやすいテキストはあまりない．そこで，ここでは意外と丁寧に説明されることのない，ごく初歩的な部分を中心に解説してみたい．

　すでに何度か述べたように，回帰分析においてはすべての変数が定量的でなければならない．したがって，定性的な現象を説明することはできない．しかし，その定性的な現象が起こるか起こらないかという2つのカテゴリーしかもたないとしたら，起こる確率を問題にすることで，定量的な変数に読み替えることができる．そうすると，回帰分析と同じことができることになる．とこ

ろが,起こる確率をそのまま使おうとすると,確率というのは0から1までの値しかとらないし,たとえば病気などの場合,かかる確率は非常に小さいことが多いので,一般的な定量的変数とみなしにくい.そこで,次のような特殊な変換方法を用いるのが,ロジスティック回帰分析の特徴である.まず,一般的な確率そのものではなく,オッズ(勝目)とよばれる値を考える.n回やって,a回当たりが出て,b回はずれが出たとする($n=a+b$)と,当たる確率がa/nであるのにたいして,オッズとはa/bを意味する.このオッズという値はどのように分布するかというと,確率がちょうど5割のときに1になり,5割を越えると1より大きく,5割を切ると1より小さい値になる.さらに,このオッズの対数(これをロジットという)をとってやると,うまい具合に,0を中心としたプラスの無限大からマイナスの無限大という分布になるのである.

　ここで対数について復習しておこう.aが1でない正の数で,xが任意の正の数のとき,$a^u=x$となるようなuの値を考えることができる.このuをaを底とするxの対数といって,$u=\log_a x$と表記する.対数をとるというのは,xを$\log_a x$,すなわち,uという値に変換することをいう.aの値は何でもよいので,ここではわかりやすいように10にしておこう.確率が5割でオッズが1のとき,この対数は,$10^0=1$なので$\log_{10} 1=0$となる.確率が5割を越えてオッズが1以上,たとえば10のとき,$\log_{10} 10=1$となり,5割以下,たとえばオッズが0.1のとき,$\log_{10} 0.1=-1$となる.つまり,図7-8に示したように,オッズの対数をとると確率は0を中心とした正の数と負の数の値の分布に変換されるわけである.そうすると,2つのカテゴリーからなる定性的な変

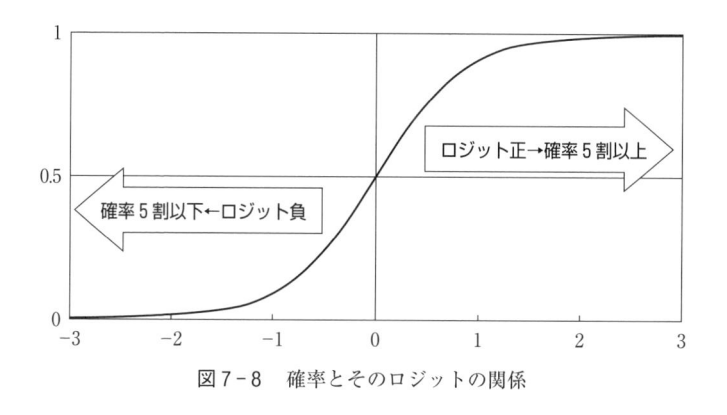

図7-8 確率とそのロジットの関係

数が,まがりなりにも0を中心として正負の領域に広がって分布する定量的な変数に読み替えられたことになる.そこで,この分布を従属変数とする回帰分析をしようというのが,ロジスティック回帰分析の原理的な考え方なのである.

ちなみに,確率pとオッズoとの関係は,$o=\dfrac{p}{1-p}$であり,確率pにたいするオッズの対数をとることをロジット変換という.すなわち,$\text{logit}p=\log\left(\dfrac{p}{1-p}\right)$である($\text{logit}p$とは$p$をロジット変換するという意味).数式が出てくるロジスティック回帰分析の教科書を見るときは,これらの式を頭に入れておくと,何をいっているかが少しはわかるようになるだろう.

さらに,このように,数学では適当な数式を当てはめて,元の値をすべて変換して話を進めてしまうことがよくある.たとえば,分散のように,ある値よりも大きかったり,小さかったりすることで,その値からの距離を示す数字にプラスやマイナスの符号がついている場合に,絶対値で考えるのではなく,いきなりすべて

二乗した値のまま話を進めることがある．数学が苦手で，物事を実態的に考えてしまう人は，二乗するととてつもなく大きな数字に変換されるはずなのに，なぜもう一度平方根をとって元に戻して話を進めないのか，とつい思ってしまうだろうが，数学の世界では同じ数式で形が変わっただけなのだから，元の世界とまったく変わっていないとみなしてよい，と考えるわけである．ロジスティック回帰分析でも，確率がオッズに変換され，さらにその対数をとって分布が変わってしまったとしても，別にかまわない．むしろ回帰分析をするには都合のよい分布に変換できたのだから，それでよいと考えるのである．

　対数に変換するという方法は，社会調査のデータでは比較的よく用いられる．分布が極端に偏っている場合に，正規分布に近い分布に変えるために行ったりする．つまり，どういうことかというと，たとえば特定の病気のように，かかる確率が非常に小さいとき，分布は非常に偏ったものになる．該当する人の比率が1％以下などになる場合で，一般のクロス表では分析ができない分布である．確率でいうと 0.01 以下ということだが，ロジット変換すると 2 とか 3 という数字になる．したがって，ロジスティック回帰分析は，分布が偏った，出現確率の低い現象の分析に特に適した方法なのである．ロジスティック回帰分析が，疾病の分析によく使われるゆえんである．

　さて，後は回帰分析と同じといっても，原理的に同じなだけで，実際の計算や前提となる数学的な知識はかなり高度なものになる．たとえば，最小二乗法を使って回帰直線を引くというわけにはいかないので，「最尤推定法（maximum likelihood estimation）」を用いることになるが，そこにはあまり深入りせずに，実用的な解説の

みに留めておこう．

　ロジスティック回帰分析に特徴的な指標として，回帰係数とオッズ比（優比）がある．ここでいうオッズ比というのは大変便利な指標で，当該の独立変数が1単位変わったときに，従属変数の起こりやすさが何倍変化するかを示す指標である．したがって，このオッズ比の大きい独立変数の影響が大きいと見ることができる．回帰係数の大きさは独立変数の分散に影響されてしまうので，これを当てにすることはできないが，回帰係数からオッズ比が比較的容易に計算できるために，大変便利なのである．いずれにせよ，ロジスティック回帰分析では回帰係数とオッズ比が算出され，回帰係数の有意差も計算されるので，有意水準とオッズ比の大きさで各要因の影響力を見ていけばよい．つまり，ここでのオッズ比は分散分析の相関比（イータ二乗）や重回帰分析の標準偏回帰係数に当たると思えばよい．オッズの対数をとるというときのオッズと，オッズ比のオッズが同じで混乱するかもしれないが，とりあえず気にしないことである．もちろん両方がオッズといわれるゆえんはあるのだが，それは学習が進んだ段階で考えればよいだろう．

　最後に，社会調査においてロジスティック回帰を用いたデータ分析の例では，定量的な独立変数に並んで，定性的なカテゴリー変数がずらりと並べられている場合が少なくない．これまでの説明からわかるように，ロジスティック回帰分析では2つ以上のカテゴリーをもつ変数をそのまま投入することはできない．そこで特定のカテゴリーとそれ以外の2値変数とみなして投入しているのである．その場合のオッズ比はこの2つの値が変わったときにどれだけの影響を与えるかということを示していることになる．

それゆえ，どのカテゴリーとどのカテゴリーで2値変数とするか，そのことが現実的に意味があり，解釈可能であるかどうかについての慎重な検討が必要である．定量的な変数も定性的な変数も使える便利な方法だから入れてしまえ，という使い方はしない方がよい．やはり本来は，定量的な変数によって，特定の現象の出現率がどう変わるかを分析するのに適した方法である，とよくわきまえておくことが必要である．

ロジスティック回帰分析，やはりただものではない．類似の教科書を何冊か読んでいかないと，なかなかわかったというわけにはいかないのだろう．数学や統計学関係の学習は皆そうだが，何種類かの説明を見比べながら，少しずつわかっていくものなのだろう．庄太くんはまた気持ちを新たにするのであった．

次の因子分析とクラスター分析についても，厳密な意味での理解に達するにはやはり同じプロセスが必要であろう．回帰分析同様，原理的な理解と正しい活用法を読み取っていこうと庄太くんは考えるのである．

因子分析

次に述べる因子分析とクラスター分析は，社会調査データの分析においてきわめて有用な方法であるが，これまでの分析とは根本的に異なる性質をもっている．クロス表や分散分析，回帰分析はいずれも特定の独立変数の影響力を測ろうとする方法である．

そこには説明されるべき従属変数と説明しようとする独立変数が存在し，何らかの因果関係や相関関係を確定しようとする分析であった．ところが，因子分析やクラスター分析は，回帰分析と同じく多変量解析ではあるが，何かを説明しようとしたり，何かの効果を確定しようとする方法ではない．説明的な方法ではなく，記述的な方法なのである．つまりどういうことかといえば，与えられたデータの配列を多変量解析によって並べ替えたり，整理することで，それまで見えなかったものを導き出したり，いくつかのグループに分類したりする方法なのである．それゆえ，分析の結果わかることは，いくつか新しい変数を見出したり，その分類を可能にするだけで，何かを説明するわけではない．むしろ説明しようとする対象を整理したり，分類するという記述や測定に関して有用な方法であり，そこから改めて説明の段階に入るという準備作業として有効な方法なのである．このことをまずは強調しておきたい．なぜなら，これから説明することからわかるように，因子分析やクラスター分析は，われわれの社会学的想像力をかきたてて，魅力ある仮説を導き出すことを可能にしてくれる．そのため，何か重要なことを説明したように思えてしまうのであるが，実は何も証明できてはいないことをわきまえるべきである．分析はそこで終わるのではなく，そこから始まるのである．まずは，このことを断っておきたい．

　では，因子分析について説明しよう．因子分析は数学的にはかなり高度な手続きを必要とするが，イメージとしてはわかりやすいものである．もともと学力や知能指数を測るために開発されたもので，たとえば図7-9に示したように，国語，数学，理科，社会，英語という5つの教科の得点から，その背後にある論理的

```
        ┌──────────────┐        ┌──────────┐
        │  論理的思考力  │        │   記憶力   │
        └──────────────┘        └──────────┘
```

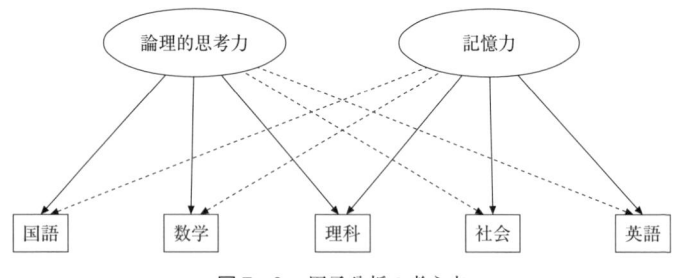

図7-9 因子分析の考え方

思考力と記憶力という能力を導き出す方法と考えるとわかりやすい．たとえば，論理的思考力は弱いが記憶力がよいという生徒は，社会と英語の得点が高く国語と数学の得点は低いかもしれない．逆に，論理的思考力は高いが記憶力が弱いという生徒は，国語と数学の点数は高いが社会と英語の点数は低いかもしれない．多くの生徒の得点のパタンが，この2つの能力の高い・低いによって生み出されていると想定できるような分布が存在したとすれば，5つの教科の得点のパタンから，その背後にある2つの能力を推定することができるだろう．調査によって観察され，測定された変数から，決して直接は観察されないような隠れた因子を導き出すというのが，因子分析の目的なのである．

　これを少し数学的な表現で考えると，次のようになる．第6章でマトリックスデータによって示される m 次元空間について述べたが，調査票の回答から n 人のサンプルのひとつひとつが，m 次元空間上の n 個の点として星雲のように広がっていることをイメージしてもらいたい．調査票によって測定した m 個の変数のうちから，当該の分析にとって重要な k 個の変数を選んだとする．そうすると k 次元空間上に n 人のサンプルが星雲をつくる

ことになる．この状態から，サンプルのひとつひとつの差異がもっとも顕著に測れるような新しい軸を1本引くと考える．数学的にはその軸で測ったひとつひとつのサンプルの値が互いにもっとも離れるように設定するという計算をするわけである．それが最小二乗法や最尤推定法などと同じような計算になるだろうということは察しがつくだろう．これが多変量解析といわれるゆえんである．こうやって一番うまく分かれる軸と，二番目にうまく分かれる軸という順に，何本か軸を引いていくと，少なくともk個よりは少ない軸でn人のサンプルを十分に特徴づけることができるかもしれない．このような手続きが因子分析の計算で，こうやって設定された新しい軸を第一因子，第二因子，第三因子，……とよぶ．

それは，すなわち観察されたk個の変数をそれよりも少ないℓ個の共通因子で表現したということであって，たとえば5教科の得点を2つの能力によって集約して，ひとりひとりの生徒を理解するということである．逆にいうと，以前よりは少ない変数でサンプルを理解し，弁別することができるようになったことを意味する．因子分析が，何も説明はしないが，対象を要約的に理解し，整理することができる方法であることがわかるだろう．実際，社会調査においてもっとも適切な因子分析の利用方法は，測定尺度の開発である．たとえば，人の主観的幸福感を測ることを考えてみよう．人々が自分を幸福だと思うことと関連しそうな項目をいくつか質問文として用意したとする．自分をどれくらい健康だと思うか，日常生活に不便はないか，配偶者はいるか，子どもはいるか，友だちはどうか，自分の能力をどう思うかなど，ひとつひとつ質問文をつくって確認していったとする．そうやって測った

多くの変数について因子分析をやれば，それよりは少ない因子に集約することができるわけである．

　そうすると，それらの因子がいったい何を測っているかについての解釈と，その新しい因子で測ったときに，個々のサンプルがどのように位置づけられるかということが問題になる．前者が因子の解釈であり，後者が因子得点である．因子の解釈はどのように行うかというと，結局は個々の測定変数との関連に戻って主観的に解釈するしかない．これは，あくまで分析者による解釈にすぎないということが重要である．因子分析が何かを説明するものではなく，単なる記述の整理にすぎないとは，こういうことである．その解釈は，その後の分析によって納得できるものにしていくしかない．因子分析そのものからは，何の根拠も出てこないのである．だから，因子の解釈は，誰もが納得しやすいものであることに越したことはない．したがって，因子分析は，誰も背後に何があるかわからないような対象ではなく，誰もが思いつくことのあるような対象に用いるのがよいのである．目に見えるものから，目に見えないものを論じるという操作は，理論的な想像力と同じ構造をもっているがゆえに，因子分析は，あたかも意外な背景要因が見つかったかのように乱用されることが多い．具体的に，この社会学者の，この本の，この解釈はデタラメだ，と指摘できるくらいである．もちろんそんなことはしないが，少なくとも前もってこんな要因があるという見当がつかないような対象に，因子分析を使っているような場合には，十分に注意する必要がある．

　さて，適切な因子の解釈ができたときに，今度はその解釈の証明のためにも，その軸によって測った場合，個々のケースがどのように位置づけられるかということを測定したくなる．それが因

子得点である．因子得点は因子ごとに個々のケースについて計算することができる．ゆえに，これを新たな変数に加えて，改めてそれを従属変数とした分析を始めればよい．因子分析を測定尺度の構成のために使う，とはそういうことである．

　以上が，因子分析の概略であるが，本当はもっと複雑な分析法である．たとえば，因子を新しい軸として設定したときに，それぞれの因子の軸が直交しているとは限らないので，これを直交するかたちに変換して因子得点を求めるやり方を「バリマックス回転」といったり，そうでないやり方を「斜交回転」といったり，さまざまなバリエーションがある．用途に応じて使い分けなければならないので，本当に使いこなすにはもっと知識が必要だということを断っておきたい．

　因子分析，このあたりまでくると，数学的には大変高度な話になることは，庄太くんにもよくわかる．そこで大事なのはその原理を理解して，誤った利用の仕方をしないことである．因子分析は背後にある要因が予測できるような対象に用いること，これがポイントである．

クラスター分析

　クラスター分析も，因子分析同様，何かを説明するものではない．対象を分類するために用いる手法にすぎない．しかし，社会調査において，何らかのパタンに注目して対象を分類することは，基本的な分析作業の第一歩である．その意味では，もっとも有用

な多変量解析といってよい．たとえば，調査票で余暇活動のあり方について，一連の質問をしたとしよう．あるいは参加している集団の種類を確認したとする．該当するものを1，しないものを0とすれば，各自の行動や参加のパタンは，11001……とか，00100……という数字で示せる．このパタンの近い人同士を集めていって，余暇活動や集団参加のあり方が似ているいくつかのグループに分けてみたいという場面は，社会調査においてはきわめてよくあることであろう．若者の携帯電話利用のパタン，友だちづき合いのあり方，高齢者のけがや病気の履歴，性別役割分業にたいする意識，政治的な意見等々である．うまく分けることができたからといって，何かを説明したことにはならないが，それでも，現実がこれこれの類型によってとらえられる，というように整理して認識できたこと自体には発見的な意義があり，では，なぜそのような類型が生まれたのか，という有意義な説明に移ることができる．クラスター分析は，このような意味で大変有用なものである．

では，一般的なクラスター分析の手続きについて説明しよう．原理はいたって簡単である．先ほどの「11001……とか，00100……という数字」は，いいかえれば，n次元空間上の1点を示している．クラスター分析は，この点を近いものから順にまとめていって，最後にひとつにまとめてしまうという作業をするだけの分析である．この作業のどこかの時点，つまり，いくつかの集群にうまく分かれたところで作業をやめれば，いくつかのパタンに分類できたことになる．もっとも簡単な2次元空間上でこの作業をしたものが，図7-10である．ここでは6つの点が順にまとめられていくが，3つのクラスターに分かれた時点でやめるのが，

適当であることがよくわかるだろう．

　クラスター分析で重要なのは，まず点と点との間の距離をどのように測るかである．もっとも直感的なのが，n次元空間上での距離をそのまま採用する方法である．これ

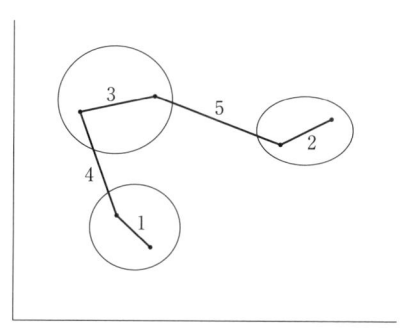

図7-10　クラスター分析の作業

を「ユークリッド距離」という．定性的な2値変数のパタンを作って，ケースを分類したいときにはこれで十分である．定量的な変数を使って変数そのものを分類したいというときには，相関係数を使う場合もある．次に重要なのが，合併した後の集群と他の点との距離をどう測るかである．点と点の場合は簡単だが，点と点が合併されたクラスターの場合には，どこからの距離を測るかということが問題になる．これにも，もっとも近い点から測る「最近隣法」やもっとも遠い点から測る「最遠隣法」，重心から測る「重心法」などいろいろあって，それぞれ特徴があるが，クラスター分析を分類のために用いる場合には，「Ward法」とよばれる方法を使うのがよい．説明は省略するが，この方法を用いると，いくつかの集群が別々にできていくかたちになるので，パタンの異なるもの同士を分けたいときには，適した方法である．別の方法を使うと，ひとつの大きな集群が他の点を順々に飲み込んでいくようなかたちにしかクラスターが形成されない場合があるので，気をつける必要がある．

　さらに，クラスター分析によってどんどんクラスターをまとめ

******HIERARCHICAL CLUSTER ANALYSIS******

Dendrogram using Average Linkage (Between Groups)

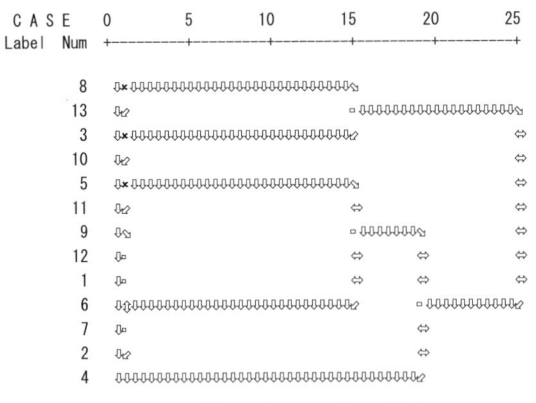

Rescaled Distance Cluster Combine

```
 C A S E      0         5        10        15        20        25
Label  Num   +---------+---------+---------+---------+---------+

        8    ─┬──────────────────────────────┐
       13    ─┘                              ├─────────────────┐
        3    ─┬──────────────────────────┐   │                 │
       10    ─┘                          │   │                 │
        5    ─┬──────────────────────────┤   │                 │
       11    ─┘                          ├───┤                 │
        9    ─┬──────────┐               │   │                 │
       12    ─┘          ├───────────────┤   │                 │
        1    ─┬──────────┘               │   │                 │
        6    ──────────────────────────────┬─┘                 │
        7    ─┬────────────────────────────┤                   │
        2    ─┘                            │                   │
        4    ──────────────────────────────┴───────────────────┘
```

図7-11 デンドログラム

ていく過程で，どこかの時点で合併をやめて，ケースや変数をいくつかに分類するという決断をしなければならない．この決断は，因子分析で因子をいくつまで採用するかとか，因子そのものをどう解釈するかという問題と同様，分析者が何らかの判断で決断するしかないものである．客観的な規準が存在するものではない．

この決断を助けるものとしてよく利用されるのが，デンドログラムというものである．図7-11に例示したように，ケースが具体的にどのような順番で合併されていったかということを示した樹形図のようなものである．これを見て，どの段階で，いくつの集群に分かれていて，どこでやめるのが適切であるかを考えるわけである．しかし，デンドログラムやそれにともなう指標が，ある程度の助けになるとはいっても，最終的には分析者の決断による

しかない．そのときの分析目的やできあがった分類にもとづき，いくつかの変数との関連を確認してみたりしながら判断するしかない．重要なのは，そのようなクラスター自体ができたことよりも，その結果としてどのような分析が可能になったかで，その有効性を証明していくしかないということである．しつこいようだが，クラスター分析や因子分析は，単なる記述的な分類を行っただけで，何も説明してはいないというのは，こういうことなのである．

ところで，クラスター分析についても，因子分析同様，さまざまなバリエーションがあることを断っておこう．ここで主に説明したのは，一般に階層クラスター分析とよばれるものである．他に，いくつかの集群に分ける場合の最適規準を設定しようとするタイプのクラスター分析もある．その例として，倉沢進がかつての安田三郎の提案にもとづき，集団の分類や社会地区分析のために開発した方法がある．社会調査データの分析法としては大変有用なものであり，クラスターの設定にある程度の客観的な規準を導入しようとしたものとして注目される（浅川　近刊）．

　　以上で，社会調査データの分析で用いることの多い，主な多変量解析の方法についての解説が終わった．当該の変数間の関連を，その他の変数の影響を取り除いて，純粋なかたちで評価する方法として，多変量解析は重要なのである．
　　さて，講義では最後にこのことがなにゆえに重要であるかについての確認がなされた．それがエラボレーションの考え方である．

エラボレーションの詳細

第6章の記述との関連で，説明が最後になってしまったが，実は社会調査のデータ分析においてもっとも基礎的な考え方が，ここでいうエラボレーション（elaboration model）である．その概要についてはすでに第6章で述べたが，同じく擬似相関といってもいろいろな種類がある．ここではその詳細について紹介しよう（高根 1979）．

2つの変数に相関があったときに，その相関が偽りのものではないかということを確認するために，第三の変数（これを統制変数という）を投入する．そのときの結果に，いくつかの種類がある．ひとつは統制変数を導入しても，元の2つの変数の関係に何の変化もないという場合である．これを反復型（replication）といい，少なくともその変数による擬似相関ではなかった，ということを意味する．とりあえず，2つの変数の相関が確かめられたということである．

統制変数を投入することで，元の2つの変数の関係が消滅する場合にも，いくつかのパタンがある．ひとつは図7-

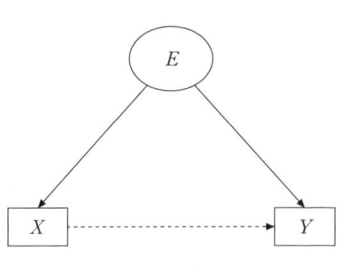

図7-12 説明型（explanation）

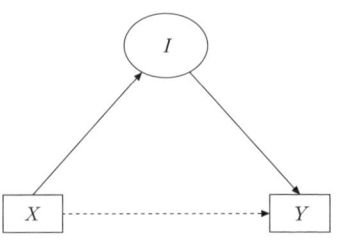

図7-13 解釈型（interpretation）

12に示したような場合で,統制変数 E によって2つの変数 X, Y が同時に規定されていて,その結果擬似相関が現れたという場合である.統制変数が2つの変数に時間的に先行する要因ならば,明らかにこの統制変数が2つの変数の関係を説明することになるので,説明型(explanation)とよばれる.第6章であげた,年齢と祭礼への参加の関係が,実は地元出身者か否かの問題であったという例は,この説明型であったといえる.

もうひとつは,図7-13に示したような場合で,統制変数 I が独立変数 X と従属変数 Y の間を媒介するかたちになっている(これを媒介変数という)ものである.たとえば,加齢が進むと主観的な幸福感が低くなる,という関係をよく調べてみると,実は身体的な老化が主たる原因であって,年齢が進むと身体的に弱ることが多く,その結果,幸福感が低くなるというのが真実であったとする.この場合も元の2つの変数の関係は消滅するが,身体的な老化が加齢に時間的に先行するわけではないので,元の2つの変数の関係は,間に媒介変数をはさむことで,より詳しく解釈されたということになる.そのため,これを解釈型(interpretation)という.

最後に,より複雑な場合として,次のようなものがある.第三の変数を投入することで,元の2つの変数の相関が強まったり弱まったりするという場合である.たとえば,居住年数が長いほど,お祭りで神輿を担いだ経験が多いという関係が見られたとする.このとき,第三の変数として性別を投入してみると,男性の場合は確かにそのような関係が残るが,女性の場合はそのような相関が見られなくなるという結果が出たとする.この場合,女性はそもそも神輿をあまり担がないので,厳密には男性にのみ見られる

第7章 統計的技法の実際　*189*

傾向であることがわかったことになる．このような場合は，元の変数の相関の現れる状況が，より特定化されたということなので，特定型（specification）とよばれる．分散分析などで交互作用が見出される状況と類似している．

　以上が，エラボレーションとよばれる分析の詳細である．擬似相関を見破ったときに，どのタイプに当てはまるかということをいちいち考える必要はないが，分析を深める段階で参考にするとよいだろう．

おわりに
──2種類の報告書をつくろう──

　以上，社会調査を実践するうえで必要最低限のことを解説してきた．必要最低限とはいっても，かなり内容豊富なものになっているので，これで一通りは十分であろう．実際にやってみて困ったときや，さらに学習を進めたい人は，文献案内をつけておいたので活用してほしい．すでに本書の中でも何度かふれたが，とりわけ統計的な分析法の原理などは，いくつかのテキストの異なった表現に多く接するうちになんとなくわかってくるものである．必要に応じて参照すればよいだろう．

　さて，「おわりに」として，これまでに十分にふれることのできなかった社会調査の倫理に関する問題と報告書の作成について述べておきたい．

　近年，サーベイ調査の回収率が低下しつつある．それは先進国に共通する傾向ではあるが，とりわけサーベイ調査のもつ統計的な意味での一般性と客観性の意義がまだ十分に定着していない日本の場合には，事態は深刻である．ある種の人たちの意見や生活実態はサーベイ調査でしか明らかにできないにもかかわらず，そのような人たちがサーベイ調査に協力しないという事態が進んでしまうのである．それは日本において，社会調査がそのような人々の声を代弁することで民主的な政策決定に貢献してきたとい

う実績が乏しいこととも関連している．権威ある大学の調査結果や科学的な見解が，弱い立場の人々を救うというよりも，政府の決定を擁護しているにすぎないということを，われわれはあまりにも多く経験しているのではないだろうか．社会調査の細かな倫理をここで論ずることはしないが，すでに本書で詳しく紹介したように，まずは社会調査が民主的な社会の実現のために，不特定多数の人々の動向をとらえる技術として発達してきたこと，それゆえ社会調査の基本は知っている人に知らないことを教えてもらうことであること，そのためにはその意義を説明してひたすらお願いするしかないこと，自発的な協力によって得られたデータには限界があるが，そこにこそ科学としての信頼が生まれること，などをふまえたものでなければなるまい．社会調査はその意味であくまで大衆的・通俗的な技術であって，高尚で一般の人には容易に理解できないものとして権威を保とうとするものではない．この意味で，社会調査はつねに人々の自発的な協力を得られるように，きちんとした説明責任を果たし，かつそれが人々に何らかのメリットをもたらすものであることを示さなければならない．社会調査の倫理とは，一言でいえば，そのような信頼を失わないように誠実に努めることに他ならない．

　そのような努力のひとつとして，ここでは対象者向けの報告書を作成することをお勧めしたい．一般に調査の報告書はスポンサー向けに作成される．したがって，スポンサーが求める調査目的に関する報告になるか，一般的な学術研究費の場合は研究の関心にそってまとめられるのが普通である．直接調査に協力をしてくれた人たちに，その成果が示されることはない．つまりこれまでは，その研究の学術的な価値が認められることで，やがてそのよ

うな人々にも恩恵がもたらされると考えられてきたのである．しかし，上に述べたような事情にある日本においては，そんな悠長なことはいっていられないところがある．むしろ，社会調査との接点をもった人に積極的にその意義をアピールしていく必要がある．また，自分たちの調査の成果が対象者にとっていかほどのものであるかを改めて考えてみるうえでも，対象者が見ることを前提とした報告書を，正式な報告書とは別に作成することをぜひ検討してもらいたい．参考までに，私が作成したことのある対象者向け報告書を，付録に掲載しておいた．きわめて単純な集計結果を示しただけのものではあるが，よく読むと，対象となった町が２種類の住民たちから成り，やがて大きく変容していくかもしれないことが読み取れるだろう．このような事実は，住んでいる人にとってはいわれてみれば思い当たることにすぎないだろうが，それだけに知るに値することでもあり，それがこうやって誰でも確認できるかたちで示されることは，決して益のないことではないのである．

　労働者大衆が歴史の表舞台に躍り出た近代という時代に成立した社会調査の方法が，日本においても，われわれが自分自身を知り，自らを社会全体の中に位置づける道具として定着していくことを，切に願うものである．

文献案内

　本書をきっかけにさらに学習を進めたいと考える人のために，文献の案内をしておきたい．それを通して改めて本書の位置づけと特長を知ることもできるだろう．

標準的かつ全般的なテキスト

　まず，社会調査全般に関する標準的なテキストから紹介しよう．現在，日本語で読めるものには，アメリカのもの，イギリスもしくはオーストラリアのもの，そして日本のものがあり，それぞれに特徴がある．アメリカでもっとも標準的といわれているのが，E.バビー『社会調査法1　基礎と準備編』(2003)，『社会調査法2　実施と分析編』(2005)である．社会調査の基本的な考え方からサーベイ調査の詳細までが万遍なく紹介されていて，訳書の底本である第9版も含めて，最近の版では質的調査の方法についても，かなり詳しい紹介がなされている．特にサーベイ調査を中心とした社会調査の方法としてはまったく不足のないものなので，辞書的に活用するなり，学習をより完全にしたい人は利用するなりすればよいだろう．ただし入門的とはいえ，それなりの覚悟がないと読み切れない本格的なテキストである．

　イギリスを中心とする英語圏でも社会調査の方法に関する関心は高く，定評のあるテキストがいくつか存在している．翻訳のあ

るものとして，少し古いものではP. H. マン『社会調査を学ぶ人のために』(1982)，最近のものとしてはT. メイ『社会調査の考え方——論点と方法』(2005) がある．いずれも社会調査の基本的な原理や考え方を知るうえで有益なものである．最近のイギリス系の社会調査研究では，いわゆる質的調査の方法がアメリカよりも重視される傾向にある．それはジェンダーやポストモダニティの潮流を背景とするもので，後で簡単にふれることにするが，社会学というよりも教育学における調査実践の進展と関連している．たとえば，K. F. パンチ『社会調査入門——量的調査と質的調査の活用』(2005) などでは質的調査の方法についても量的調査と同じだけの紙幅が割かれていて，かつできる限り同じ論理でもって叙述が進められている．

　日本のものについても，最近ではいくらかは必ず質的調査の方法についての言及が見られるようになっているが，英米系のテキストほど総合的な記述がなされているわけではない．実は日本では，総合的で全般的な社会調査のテキストの定番があるとはいえない状況である．詳しくは次節で紹介しよう．

　いずれにせよ，英米系の定番ともいえるテキストでは，近年質的調査の方法についての記述が多く見られるようになっている．しかしながら，それらはいずれもかなり網羅的ではあるが，単に並列されているだけで，他の方法とどのように組み合わせるべきかについては十分な記述がなされているとはいえないところがある．

日本の各種テキスト

入門的なもの

まず,社会調査の基本的な考え方やその概要を学ぶのに便利なものとして,森岡清志編『ガイドブック社会調査 第2版』(2007),大谷信介他編『社会調査へのアプローチ——論理と方法』(1999),石川淳志他編『見えないものを見る力——社会調査という認識』(1998)がある.これらはいずれも,社会調査の基礎と全体的なイメージを得るうえでは大変有用なものであるが,必ずしも一定のレベルで過不足なく網羅的な記述がなされているわけではない.ある意味で網羅的で簡便なものとしては,むしろ小林修一他編『テキスト社会調査』(2005)をお勧めしたい.

なお,これらも皆一様に質的調査への言及はなされているが,基本的にサーベイ調査を中心とした入門的なテキストである.森岡編前掲書に一部参考になる記述があるが,やはりいずれも質的調査法とサーベイ調査の関連を正面から扱ったものではない.この点についてふれたものについては後述する.

サーベイ調査に関するより専門的なテキスト

やはりサーベイ調査の方法を中心とした,より網羅的で専門的なテキストとしては,西田春彦・新睦人編『社会調査の理論と技法——アイディアからリサーチへ』Ⅰ・Ⅱ(1976),原純輔・浅川達人『社会調査』(2005),盛山和夫『社会調査法入門』(2004)がある.後の2つは少し覚悟を決めれば全体を読み通すことができるので,サーベイ調査の方法を本格的に学びたいという人は読

んでみるとよいだろう．最初のものはなかなかすべてを読み通すというわけにはいかないものなので，辞書的に使うのがよいだろう．

さらに厳密に統計調査の方法について訓練をしたい人は，原純輔・海野道郎『社会調査演習　第2版』(2004) に挑戦するとよい．また，実際にサーベイ調査を実施しようというときに，つねに座右に置くべきものとして，安田三郎・原純輔『社会調査ハンドブック　第3版』(1982) がある．この2冊はいずれも日本にサーベイ調査の方法を定着させるうえで計り知れないほどの貢献をした安田が残したテキストである．さらに，後にも紹介するが，安田にはもう1冊忘れてはいけないテキストとして，安田三郎・海野道郎『社会統計学　改訂2版』(1977) がある．

質的調査と量的調査の関連について参考になるもの

この点について十分な説明を行ったものはなく，本書はその欠を埋めるためのものである．あえて参考になるものをあげるとすれば，古いものではあるが，福武直『福武直著作集第2巻　社会学・社会調査』(1975) が唯一のものである．これはもともとその一部を安田が分担執筆していた．もうひとつ，本書の考え方と基本的に同じ構想で書かれているのが，佐藤郁哉『実践フィールドワーク入門』(2002) である．ただし，佐藤は主としてフィールドワークとエスノグラフィーの方法を説明するうえでこの点にもふれているだけなので，とりわけサーベイ調査との組み合わせ方について，具体的に直接言及しているわけではない．

質的調査の方法に関するテキスト

　近年，サーベイ調査以外の，いわゆる質的調査の方法をもっぱら扱ったテキストも，翻訳を含めて多く見られるようになっている．代表的なものとして，S.B.メリアム『質的調査法入門──教育における調査法とケース・スタディ』(2004) と U.フリック『質的研究入門──〈人間の科学〉のための方法論』(2002) をあげておきたい．メリアムはアメリカの教育学分野の研究者である．大変実践的でわかりやすく，かつ網羅的な内容のテキストになっている．後にも述べるが，とりわけ書かれた資料の分析について詳しく言及されており，有益なものである．フリックはドイツの研究者で，この本は社会学や教育学というよりも，もっと学際的な立場から質的研究の方法全般について，かなり網羅的に紹介・検討したテキストになっている．

　このように主として教育学の分野で注目されるようになってきた質的調査をめぐる問題に関する，もっとも手頃なテキストとして読めるのが，北澤毅・古賀正義編『「社会」を読み解く技法──質的調査法への招待』(1997) である．また，このような質的調査の潮流をつくってきたものとして，後で述べるグランデッド・セオリーと並んでよく言及されるのが，エスノメソドロジーに連なるものである．エスノメソドロジーの調査実践に関する入門的なテキストしては，山崎敬一編『実践エスノメソドロジー入門』(2004) がわかりやすい．

いわゆる「質的調査」の諸潮流について

さて、ここでひとつ本書の理解のためにもふれておかなければならないことがある。いわゆる「質的調査」の諸潮流についてである。最初に紹介した全般的なテキストの、とりわけ質的調査に関する部分を読み進めていくと、本書における聞き取り調査や書かれた資料の分析の基本となっている考え方とは、ずいぶんと違っていることに気づくだろう。それら全般的なテキストの中で一緒に紹介されているサーベイ調査の方法や社会調査の基本的な考え方とも、しっくりこないところがあって、同じ社会調査の方法といわれるといささか混乱した気分になるかもしれない。そのことが、本書とは異なって質的調査と量的調査の方法が単に並列されているだけという印象を受ける理由でもある。この点について、若干解説をしておきたい。

上記の英米系のテキストで追加的に言及されている、いわゆる質的調査の最近における興隆の背景には、実は本書が前提としている「実証主義」の考え方にたいする批判の潮流が存在している。それらはエスノメソドロジーやジェンダー、ポストモダニティ、さらにはグランデッド・セオリーの流れと関連すると表現されることが多いが、初学者には何のことだかわからないだろう。そこでごく簡単に背景を紹介しておく。

筆者の理解では、それらはすべて人類学におけるエスノグラフィー批判に端を発していると考えられる。ただし、グランデッド・セオリーだけは若干異なるところがあるので、それについては後述する。人類学におけるエスノグラフィー批判とは、J. クリフォード／G. E. マーカス『文化を書く』(1996) の出版にともなう、それまで単純に実証的とみなされてきた「エスノグラフィー

を書くこと」にたいする批判に始まる一連の議論を意味する．つまり，客観的に文化を記述するといいつつも，実は調査自体が植民地的な支配関係を前提としていた，という事実にたいする批判が巻き起こったのである．同様のことはジェンダーに関する実証的な研究にも当てはまった．とりわけイギリス系のテキストにおいて，ジェンダーやポストモダニティとの関連で質的調査の方法が紹介されるのはそういう理由からである．特にそのような問題を覆い隠してしまいがちな（「科学的」で「客観的」といわれる）量的な調査を偏重することは避けるべきで，むしろ調査者と被調査者の関係に敏感でありうる質的調査の方法を見直す必要があるということなのである．

　他方，エスノメソドロジーという社会学のある研究分野は，まさにそのような問題を考えるうえでうってつけのものであった．エスノメソドロジーは，人々の会話や相互作用の日常的な場面において，人々がある秩序を受け入れたり，それにあらがったりする細かな実践がなされていると考え，それを微細に描写・検討することを試みてきた．それはすなわち聞き取り調査などの場面で，ある事実の存在が語られるときの有り様を深く理解する術を与えるものであって，そのような観点から会話分析やビデオによる身振り・手振りの分析が質的調査として行われていったのである．これは，相互作用場面を越えて存在すると考えられている事実を明らかにする実証的な方法というよりは，その相互作用そのものからどのような事実が生成してくるのかという点に注目するもので，その意味で単純な客観的事実の外在を素朴に前提する従来までの実証主義を批判するものであった（このような立場からの調査実践の有り様を具体的に知るためには，桜井厚『インタビューの社会学——ラ

イフストーリーの聞き方』(2002),好井裕明・山田富秋編『実践のフィールドワーク』(2002),好井裕明・桜井厚編『フィールドワークの経験』(2000)などを参照するとよい).

　本書がつねに「客観性」や「科学性」を,「不特定多数の人々に検討可能であるがゆえに誰もが納得できる」という意味で,慎重かつ限定的に用いてきたのは,ひとつにはこのような批判をふまえてのことである.確かに,人類学における調査やジェンダーに関わる研究,さらには実は強力な権力関係を前提としている教育場面での調査研究において,このような意味での質的調査を重視することは必要なことであろう.のっぴきならない差別のもとに置かれてきた人々との対話や,余命3ヶ月を宣告された患者にたいする医師や看護師の対応のあり方,教師の些細な言葉に権力の作動を感じ取る生徒たちの日常,さらにはおおっぴらにではなく隠然と維持されるジェンダー秩序をとらえ,これらに対処しようとする場面においては,そのような質的調査が重要であり,サンプルの代表性などとは無関係に,それだけで有用な知識が提供できるのである.それらの質的調査が,部落差別や学校,病院といった特別な場所で行われることが多く,ナラティブ(口述)が重要視されるのは,そういうことなのである.

　しかし,かといって他方で,社会調査が担ってきた不特定多数の人々が何を望み,何を考えて行動しているかを,とりあえず明らかにすることを通じて,そのような不特定多数の人々に大きな影響を与える公的な政策決定を,目的にそった,少なくとも失敗の少ない方向へと導くとともに,誰もが検討可能な題材を提示し,その決定に関与し,責任をもつことができるようにすることによって,たとえ失敗した場合にも,その時点では最善の判断であっ

たと誰もが納得できるような，民主的な政策決定を可能にするための知識を提供するという使命を放棄すべきではないだろう．本書はこのような立場から，社会調査という営みそれ自体が既存の権力関係や差別をはらむことは重々承知しつつも，動かしがたい現実としてそれらの社会的事実が外在していることをとりあえず認めたうえで，そのメカニズムと法則性を「客観的」にとらえようとする，徹底した実証主義の立場にたった社会調査の方法を実践的に明らかにしようとしたものなのである．

社会調査のテキスト全般に関する文献案内としては，ずいぶん長い注釈になってしまったが，最後に本書の内容にそれぞれ対応した個別の参考文献を案内しておきたい．

本書の内容に関する参考文献

社会調査全般について（第1章〜第3章）

日本における社会調査の歴史については，森岡編『ガイドブック社会調査　第2版』に補章として筆者が少し詳しく書いたものがあるので，そちらを参照してほしい．社会調査の手順については，西田・新編『社会調査の理論と技法』をはじめ，すでに紹介したテキストにそれぞれ詳しい記述があるので，本書の説明と照らし合わせてみるとよいだろう．そこでも本書の特長がよくわかると思うが，とりわけ仮説構成の手順と位置づけが異なっている点が重要である．実はこの点で参考になるのが，前述のグランデッド・セオリーなのである．グランデッド・セオリーについては，B.G.グレイザー／A.L.ストラウス『データ対話型理論の発見——調査からいかに理論をうみだすか』(1996)が基本的なテキ

ストである．これを素直に読んでみるとわかるが，われわれ日本の研究者にとっては，わざわざこれを大仰な理論とよぶ必要はないように思われる．むしろ，聞き取り調査や書かれた資料の分析から，サーベイ調査で確認するための仮説を構成するための細かな方法が書かれていると読んだ方がわかりやすい．実際，そのように活用するのがもっとも有用である．それゆえに実際には実証主義を基調として書かれている英米系のテキストで，質的な調査として紹介されることが多いのである（バビー『社会調査法』1・2，パンチ『社会調査入門』，メリアム『質的調査法入門』，フリック『質的研究入門』）．もちろん他の質的調査の方法と同様の背景はあると思うし，実際にグランデッド・セオリーが活用される領域は医療領域が圧倒的に多いのだが，ジェンダーやポストモダニティを基調としたエスノメソドロジーの質的調査とは若干その位置づけが異なっていると考えた方がよい．そのような事情がまた英米系のテキストの全体としての混乱（異なった方法が並列されているだけという印象）を助長している．

　われわれ日本の社会調査の現状の中では，素直に仮説ないし理論構成のための方法といえばすむものを，なぜ，グランデッド（grounded：データに根ざした）・セオリーと大げさにいわなければならなかったかという点については，日本とは異なるアメリカの調査環境を考えてみる必要がある．グレイザーとストラウスが前掲書でいささかヒステリックに批判しているように，確かにアメリカの社会学においては，あらかじめ理論的に演繹された仮説をサーベイ調査のデータで検証するという方法をとらなければ，まともな調査研究とはいえないという雰囲気が支配的である．それゆえ実際のデータから仮説を探索するという，日本であれば調査

研究者として当たり前に認められる作業が，それ自体独自のセオリーであると主張しなければ，なかなか認めてはもらえなかったのであろう．日本とはちょうど逆の意味でのアメリカの社会調査の偏りがもたらしたものと理解する必要がある．したがって，われわれ日本の研究者にとっては，グランデッド・セオリーを何か特別な方法論として受容するよりも，単に仮説構成のための具体的なノウハウとして活用していくことを考えた方がよいのである．

聞き取り調査の方法について（第4章）

聞き取り調査のノウハウについて書かれたものは意外と少ない．実践的にもっとも役に立つのは，小池和男『聞きとりの作法』（2000）である．また，北澤・古賀編『「社会」を読み解く技法』の3章も参考になるだろう．

書かれた資料の収集と分析について（第5章）

書かれた資料の収集と分析についても，参考になる文献は少ない．古典的で，かつイギリスの状況を前提としたものではあるが，参考になるのが，ウェッブ夫妻の『社会調査の方法』（1982）である．また，すでに紹介したメリアム『質的調査法入門』にもかなり詳しい叙述がある．グランデッド・セオリーのテキストにも書かれた資料の活用についての若干の記述がある（グレイザー／ストラウス『データ対話型理論の発見』）．

サーベイ調査の方法について（第6章，第7章）

サーベイ調査のテキストについては，それこそ無数に存在し，それらを読み比べていくことで，徐々に理解が深まっていくもの

だ，ということについてはすでにふれておいた．ここでは比較的初学者にとってとっつきやすいものをいくつか紹介しておく．

　まず，サンプリングと統計的な検定については，古いものではあるが，西平重喜『統計調査法　改訂版』(1985) の説明がわかりやすい．統計的な分析については，全体を概説したものから，個々の方法を詳しく解説したものまで，それこそ無数にあるが，あまり数式が出てこない入門的なものとしてお勧めできるのが，古谷野亘『数学が苦手な人のための多変量解析ガイド――調査データのまとめかた』(1988) である．また，数式は出てくるが，比較的わかりやすく書かれているものに，G. W. ボーンシュテット／D. ノーキ『社会統計学――社会調査のためのデータ分析入門』(1990) がある．さらにすでに紹介したように，いまだもっていざとなったら安田・海野『社会統計学　改訂2版』を参照するのがよいだろう．

　質問文作成のための注意事項は，すでに紹介した日本のテキストのほとんどに詳しい解説がある．クロス表，分散分析，回帰分析については，ボーンシュテット／ノーキ前掲書を基本にして，必要に応じて古谷野前掲書を参照すれば事足りるだろう．問題はロジスティック回帰分析，因子分析，クラスター分析である．ロジスティック回帰の基本原理については本書の説明がもっともわかりやすいと自負しているが，浜田知久馬『学会・論文発表のための統計学――統計パッケージを誤用しないために』(1999)，高橋善弥太『医者のためのロジスチック・Cox 回帰入門』(1995) なども比較的わかりやすい方である．これを前提に古谷野前掲書を参照し，より専門的には丹後俊郎他『ロジスティック回帰分析――SAS を利用した統計解析の実際』(1996) を参照するとよい

だろう．因子分析とクラスター分析についても，まずは古谷野前掲書を読んだうえで，必要に応じて H.C. ロメスバーグ『実例クラスター分析』(1992) や芝祐順『因子分析法　第2版』(1979) などを参照すればよいだろう．いずれも決して初学者にとってわかりやすいものではない．というより，これらの分析は本書以上の理解を得ようとすると，数学的にはかなり高度になるということである．

　最後に，エラボレーションの考え方については，やはりすでに紹介したテキストのほとんどに解説は載っているが，高根正昭『創造の方法学』(1979) に含まれている説明がもっともわかりやすい．ちなみに，この名著は決して網羅的なテキストではないが，社会調査の基本的な考え方と多変量解析のいろはを学ぶうえで，最適なものである．最後になったが，日本のテキストで入門的なものとして，付け加えておきたい．

あとがき

　この本のねらいについては，すでに「はじめに」に書いたので，ここでは執筆の背景について少し紹介しておこう．筆者は数年前に20年近くにわたった調査研究の成果をまとめる機会をもった（玉野和志『東京のローカル・コミュニティ――ある町の物語一九〇〇-八〇』東京大学出版会，2005）．また，その少し前にはそのようなモノグラフ研究の方法について解説する機会を与えられた（玉野和志「魅力あるモノグラフを書くために」，好井裕明・三浦耕吉郎編『社会学的フィールドワーク』世界思想社，2004，所収）．本書は，それらの仕事をまとめるにあたって考えたことをベースにしている．前の2冊の本もあわせて読んでもらうと，本書の理解がより深まることだろう．とりわけ，前者の最後に収録されている「方法論的な補遺」を読むと，本書が典型的に描いている調査のイメージが具体的につかめるだろう．

　そのような事情なので，この本は一般的なサーベイ調査を中心とした社会調査のテキストというよりも，むしろ質的調査に重点をおいたテキストであるように思われるかもしれない．しかし，筆者の立場は最近の質的調査重視の潮流とは一線を画している．この点ではサーベイ調査偏重の人々と同じ，徹底した実証主義の立場にたっている．このことについては「文献案内」の中で述べておいたので，とりわけフィールドワークやエスノグラフィーに関心のある人はよく読んでほしい．とはいっても，本書がサーベ

イ調査を中心とした一般的な社会調査のテキストとは異なることも確かである．サンプリングや多変量解析の専門的な解説に終始するテキストとは異なり，むしろそれらを聞き取りや資料収集などの方法とどう結びつけるかに重点をおいている．そのような意味での実践的なテキストはこれまでになかったものである．

　そんなわけで，当初は聞き取り調査や文書資料の分析などの質的な調査法とサーベイ調査による量的な調査法との関係を中心にして，多変量解析の詳細にまでは深入りしないつもりでいた．ところが，一応1冊ですむようにしてほしいという編集者の要望で，筆者としてはあまり得意ではない多変量解析の方法についても少し詳しくふれることになった．数学的に若干不安なところがあったので，この部分については明治学院大学の浅川達人氏に原稿のチェックをお願いした．もちろん責任は全面的に筆者にあるが，本書が数学的にも正確なものになっているとすれば，それはひとえに浅川氏のおかげである．しかしけがの功名というか，数学のよくわからない者が書いているので，わかる人には説明の必要がなくこれまであまり書かれることのなかった部分（実は多くの人はそこでつまずいている）にもうまく言及できたようで，かえってオリジナルなテキストになったと自負している．

　最後に，関東の大学に所属している筆者が，あえて関西の出版社からこの本を出そうと考えたのは，慣れない社会調査の方法を使ってでも，地域の人々の動向をつかもうともがいているNPOや住民組織が，関西を中心とした地方に多く活動しているように思えたからである．そんな事情で無手勝流でもなんでも調査をやろうという人々に，本書が少しでも役に立てば，筆者として望外の幸せである．そんな筆者の思いにつきあってくれた世界思想社

の中川大一さんに感謝したい．また，校正を担当してくれた阿津川裕子さんには，筆者のくせのある文章を少しでも一般的な文章に近づけるうえで有益なご助言をいただいた．後はただこの本がより多くの人に読まれることを祈るのみである．

文献リスト

アンダーソン,N, 1999-2000, 広田康生訳,『ホーボー――ホームレスの人たちの社会学』上・下, ハーベスト社.

浅川達人, 近刊,「社会地区分析再考――KS法クラスター分析による二大都市圏の構造比較」,『社会学評論』234.

バビー, E, 2003-2005, 渡辺聰子監訳,『社会調査法1 基礎と準備編』『社会調査法2 実施と分析編』, 培風館.

ベルトー, D, 2003, 小林多寿子訳,『ライフストーリー――エスノ社会学的パースペクティブ』, ミネルヴァ書房.

ボーンシュテット, G.W./D.ノーキ, 1990, 海野道郎・中村隆監訳,『社会統計学――社会調査のためのデータ分析入門』, ハーベスト社.

Booth, C, 1970, *Life and Labour of the People in London, First Series: Poverty 1, East, Central and South London*, AMS PRESS, New York.

クリフォード, J./G.E.マーカス, 1996, 春日直樹・足羽与志子・橋本和也・多和田裕司・西川麦子・和邇悦子訳,『文化を書く』, 紀伊國屋書店.

エンゲルス, F, 1971, マルクス＝エンゲルス全集刊行委員会訳,『イギリスにおける労働者階級の状態』1・2, 国民文庫.

フェアリス, R.E.L, 1990, 奥田道大・広田康生訳,『シカゴ・ソシオロジー――1920-1932』, ハーベスト社.

フリック, U, 2002, 小田博志・山本則子・春日常・宮地尚子訳,『質的研究入門――〈人間の科学〉のための方法論』, 春秋社.

福武直, 1975,『福武直著作集第2巻 社会学・社会調査』, 東京大学

出版会.

グレイザー, B.G. ／ A.L. ストラウス, 1996, 後藤隆・大出春江・水野節夫訳, 『データ対話型理論の発見——調査からいかに理論をうみだすか』, 新曜社.

浜田知久馬, 1999, 『学会・論文発表のための統計学——統計パッケージを誤用しないために』, 真興交易医書出版部.

原純輔・浅川達人, 2005, 『社会調査』, 放送大学教育振興会.

原純輔・海野道郎, 2004, 『社会調査演習 第2版』, 東京大学出版会.

ハレーブン, T.K, 1990, 正岡寛司監訳, 『家族時間と産業時間』, 早稲田大学出版部.

ハイナー, N.S, 1997, 田嶋淳子訳, 『ホテル・ライフ』, ハーベスト社.

石川淳志・佐藤健二・山田一成編, 1998, 『見えないものを見る力——社会調査という認識』, 八千代出版.

北澤毅・古賀正義編, 1997, 『「社会」を読み解く技法——質的調査法への招待』, 福村出版.

小林修一・久保田滋・西野理子・西澤晃彦編, 2005, 『テキスト社会調査』, 梓出版社.

小池和男, 2000, 『聞きとりの作法』, 東洋経済新報社.

古谷野亘, 1988, 『数学が苦手な人のための多変量解析ガイド——調査データのまとめかた』, 川島書店.

マン, P.H, 1982, 中野正大訳, 『社会調査を学ぶ人のために』, 世界思想社.

メイ, T, 2005, 中野正大監訳, 『社会調査の考え方——論点と方法』, 世界思想社.

メリアム, S.B, 2004, 堀薫夫・久保真人・成島美弥訳, 『質的調査法入門——教育における調査法とケース・スタディ』, ミネルヴァ書房.

マートン, R.K, 1961, 森東吾・森好夫・金沢実・中島竜太郎訳,

『社会理論と社会構造』, みすず書房.
森岡清志編, 2007, 『ガイドブック社会調査　第2版』, 日本評論社.
西田春彦・新睦人編, 1976, 『社会調査の理論と技法――アイディア
　　　からリサーチへ』Ⅰ・Ⅱ, 川島書店.
西平重喜, 1985, 『統計調査法　改訂版』, 培風館.
大谷信介・木下栄二・後藤範章・小松洋・永野武編, 1999, 『社会調
　　　査へのアプローチ――論理と方法』, ミネルヴァ書房.
パンチ, K.F, 2005, 川合隆男監訳, 『社会調査入門――量的調査と
　　　質的調査の活用』, 慶應義塾大学出版会.
ロメスバーグ, H.C, 1992, 西田英郎・佐藤嗣二訳, 『実例クラスタ
　　　ー分析』, 内田老鶴圃.
ラウントリー, B.S, 1975, 長沼弘毅訳, 『貧乏研究』, 千城.
桜井厚, 2002, 『インタビューの社会学――ライフストーリーの聞き
　　　方』, せりか書房.
佐藤郁哉, 2002, 『組織と経営について知るための実践フィールドワ
　　　ーク入門』, 有斐閣.
盛山和夫, 2004, 『社会調査法入門』, 有斐閣.
ショウ, C.R, 1998, 玉井眞理子・池田寛訳, 『ジャック・ローラー
　　　――ある非行少年自身の物語』, 東洋館出版社.
芝祐順, 1979, 『因子分析法　第2版』, 東京大学出版会.
Stouffer, S. A, Suchman, E. A, Devinney, L. C, Star, S. A. and R. M.
　　　Williams, Jr, 1949-50, *Studies in Social Psychology in World War
　　　II*, Volume 1-4, Princeton University Press, Princeton.
鈴木健之, 2003, 「アメリカ社会学における理論と調査」, 社会科学基
　　　礎論研究会『年報　社会科学基礎論研究』第2号（特集　社会調査
　　　の知識社会学）, pp. 44-60, ハーベスト社.
高橋善弥太, 1995, 『医者のためのロジスチック・Cox回帰入門』,
　　　日本医学館.
高根正昭, 1979, 『創造の方法学』, 講談社現代新書.

丹後俊郎・山岡和枝・高木晴良, 1996, 『ロジスティック回帰分析——SASを利用した統計解析の実際』, 朝倉書店.
ウェッブ, S.／B. ウェッブ, 1982, 川喜多喬訳, 『社会調査の方法』, 東京大学出版会.
山崎敬一編, 2004, 『実践エスノメソドロジー入門』, 有斐閣.
安田三郎・原純輔, 1982, 『社会調査ハンドブック 第3版』, 有斐閣.
安田三郎・海野道郎, 1977, 『社会統計学 改訂2版』, 丸善.
好井裕明・桜井厚編, 2000, 『フィールドワークの経験』, せりか書房.
好井裕明・山田富秋編, 2002, 『実践のフィールドワーク』, せりか書房.
ゾーボー, H.W, 1997, 吉原直樹・桑原司・奥田憲昭・高橋早苗訳, 『ゴールド・コーストとスラム』, ハーベスト社.

付録　調査対象者向け報告書　＊一部，仮名等にしている

地域生活と地域社会の形成過程に関する調査
報告書

■研究代表者
都立大学 人文学部 助教授　玉 野 和 志

この調査は 平成10年度〜12年度文部省科学研究費補助金（基盤研究(C)(2)「都市コミュニティの社会的形成過程に関する実証的研究」研究代表者 玉野和志）を受けて行われたものである。

1. ご協力をいただいた方々

表1　居住地区

居住地区	回答数	(対象者)
東山1丁目	67	(121)
東山2丁目	86	(128)
東山3丁目	106	(177)
西山1丁目	70	(113)
西山2丁目	86	(137)
西山3丁目	83	(124)
居住地区不明	1	
計	499	(800)

回収率 62.4%　※( )内は対象者数

今回の調査でご協力をいただいた方々の居住地区は表1の通りです。全体として62.4%の回収率でした。すでに転居していた方など調査不可能であった方を除いて計算すると7割近い回収率で、近年行われている類似の調査としては非常に高いものです。皆様のご協力のおかげで、学術的に信頼性の高い調査とすることができました。改めて御礼申し上げます。

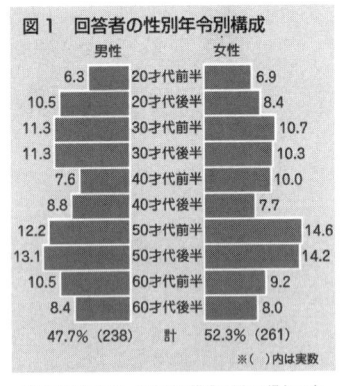

図1　回答者の性別年令別構成

男性	年代	女性
6.3	20才代前半	6.9
10.5	20才代後半	8.4
11.3	30才代前半	10.7
11.3	30才代後半	10.3
7.6	40才代前半	10.0
8.8	40才代後半	7.7
12.2	50才代前半	14.6
13.1	50才代後半	14.2
10.5	60才代前半	9.2
8.4	60才代後半	8.0
47.7% (238)	計	52.3% (261)

※( )内は実数

回答者の男女別、年令別の構成は図1の通りです。いわゆる「団塊の世代」とその子世代の比重が高いところに特徴があります。

表2　この町に住んで何年か

年数	割合	(実数)
生まれてからずっと	24.7%	(122)
40年以上	10.9%	(54)
20年以上	24.1%	(119)
20年未満	40.3%	(199)
計	100.0%	(494)
回答なし		(5)

※( )内は実数

生まれてからずっと住んでいる方や20年以上お住まいの方が多い傾向にありますが、1980年以降に引っ越してきた方も半数近くを占めるようになっています。

表3　小学校の頃どこに住んでいたか

場所	割合	(実数)
区内	39.8%	(196)
都内	14.6%	(72)
その他	45.6%	(225)
計	100.0%	(493)
回答なし		(6)

やはり4割近くの方々は小学校時代からこの近隣にお住まいですが、東京都以外の地域から移ってきた方も半数近くいらっしゃいます。

表4　親の住んでいる／いた場所

場所	割合	(実数)
区内	44.2%	(217)
都内	12.6%	(62)
その他	43.2%	(212)
計	100.0%	(491)
回答なし		(8)

したがって、両親がすぐ近くに住んでいる人と東京都以外のところに住んでいる人が、ほぼ半々です。

表5　家族がこの町に移り住んだ時期

関東大震災以前	6.6%	(32)
関東大震災以後	11.0%	(54)
戦後	24.1%	(118)
60年代	11.7%	(57)
70年代	11.0%	(54)
80年以降	35.6%	(174)
計	100.0%	(489)
回答なし		(10)

もともとはこの町に戦後まもない頃に移り住んだ家族が多かったことがわかります。ところが、80年以降にまた多くの人が流入してきたようで、これはバブル以降の東京の変化に対応しています。

表6　この町に住み続けたいか

住んでいきたい	34.4%	(168)
できれば住んでいきたい	49.6%	(242)
できればよそに移りたい	10.5%	(51)
ぜひよそに移りたい	5.5%	(27)
計	100.0%	(488)
回答なし		(11)

以上のように、この町には地元出身の方と他の地域出身の方、戦後まもない頃に定着した方と80年以降に移住した方など、居住者に違いのあることがわかります。しかし、そのいずれもがこの町に住み続けたいという点では変わらないことがよくわかります。

図2　居住形態の変化

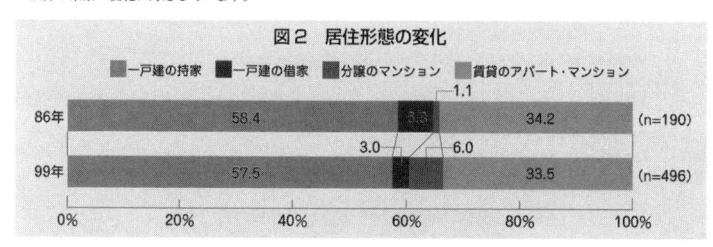

凡例: ■一戸建の持家　■一戸建の借家　■分譲のマンション　■賃貸のアパート・マンション

年	一戸建の持家	一戸建の借家	分譲のマンション	賃貸のアパート・マンション	n
86年	58.4	6.3	1.1	34.2	(n=190)
99年	57.5	3.0	6.0	33.5	(n=496)

われわれの研究グループでは10数年前（1986年）にもこの地域で同様の調査を行っています。住居の形態をそのときの結果と比較したのが、図2です。80年代以降、急激に分譲のマンション居住者が増えていることがわかります。

2. 地域とのかかわり

図3　お祭りやお神輿とのかかわり

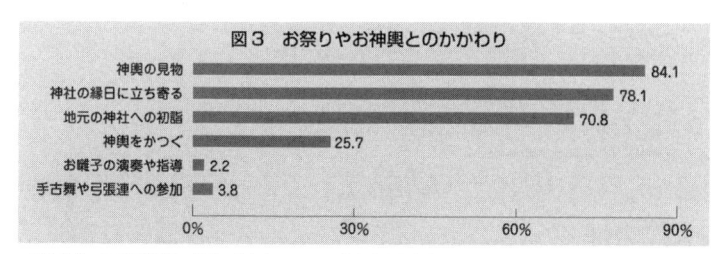

項目	%
神輿の見物	84.1
神社の縁日に立ち寄る	78.1
地元の神社への初詣	70.8
神輿をかつぐ	25.7
お囃子の演奏や指導	2.2
手古舞や弓張連への参加	3.8

ほとんどの人が神輿見物や神社に立ち寄っていることがわかります。お神輿も4人に1人が担いだ経験があるとこたえています。

図4 さまざまな集団や組織とのかかわり

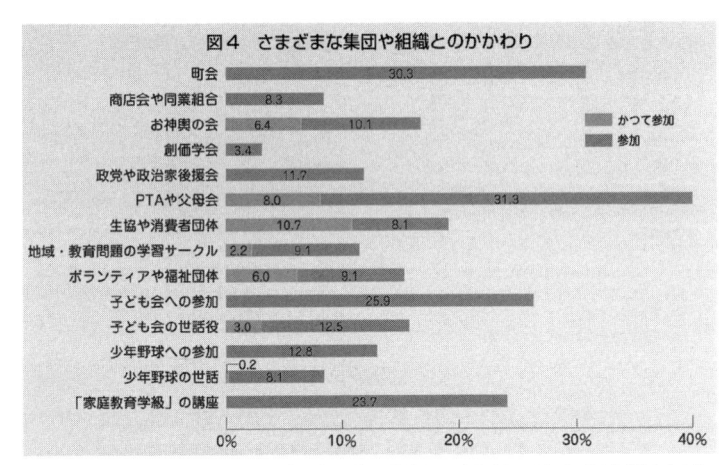

項目	かつて参加	参加
町会		30.3
商店会や同業組合		8.3
お神輿の会	6.4	10.1
創価学会		3.4
政党や政治家後援会		11.7
PTAや父母会	8.0	31.3
生協や消費者団体	10.7	8.1
地域・教育問題の学習サークル	2.2	9.1
ボランティアや福祉団体	6.0	8.1
子ども会への参加		25.9
子ども会の世話役	3.0	12.5
少年野球への参加		12.8
少年野球の世話	0.2	8.1
「家庭教育学級」の講座		23.7

過去の参加もふくめると、PTAや子ども会関係の比重が、町会以上に大きくなってきていることがわかります。他にもさまざまな団体にそれぞれの人々が集まって活動しており、比較的地域活動のさかんな町であることがわかります。

図5 地域にある施設とのかかわり

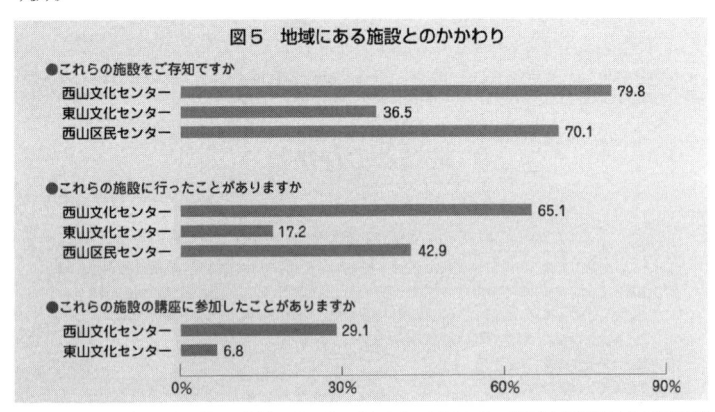

●これらの施設をご存知ですか
- 西山文化センター　79.8
- 東山文化センター　36.5
- 西山区民センター　70.1

●これらの施設に行ったことがありますか
- 西山文化センター　65.1
- 東山文化センター　17.2
- 西山区民センター　42.9

●これらの施設の講座に参加したことがありますか
- 西山文化センター　29.1
- 東山文化センター　6.8

この地域には文化センターが2つ、区民センターが1つあります。文化センターでは社会教育施設として各種の講座が催されています。とりわけ西山文化センターがよく知られているのは、もともとは西山文化会館といってこの地区ではもっとも古い施設の1つとして親しまれてきたからだと思われます。

表7 西山区民センターの建設請願運動について

よく知っており署名などにも関わった	3.8%	(19)
知ってはいるが特に関わってはいない	17.2%	(86)
知らなかった	79.0%	(394)
計	100.0%	(499)

西山区民センターは、20年ほど前に始められた地元の請願運動によって新しく建設された施設です。現在でも2割以上の方がそのことをご存知のようです。

表8 居住地区ごとの駅前整備事業にたいする意見

	駅前がきれいになるのでよい	商店街が発展するのでよい	問題が多いので慎重に	あまり必要ではない	合　　計
東山1丁目	39.4% (26)	43.9% (29)	10.6% (7)	6.1% (4)	100.0% (66)
東山2丁目	45.3% (39)	31.4% (27)	18.6% (16)	4.7% (4)	100.0% (86)
東山3丁目	41.0% (43)	26.6% (28)	23.8% (25)	8.6% (9)	100.0% (105)
西山1丁目	41.8% (28)	35.8% (24)	14.9% (10)	7.5% (5)	100.0% (67)
西山2丁目	45.3% (39)	29.1% (25)	17.5% (15)	8.1% (7)	100.0% (86)
西山3丁目	39.0% (32)	32.9% (27)	18.3% (15)	9.8% (8)	100.0% (82)
計	42.1% (207)	32.5% (160)	17.9% (88)	7.5% (37)	100.0% (492)
					回答なし (7)

現在、東山駅および西山駅の駅前整備事業が進められています。これにたいする意見を見ると、全体として7割以上の方が賛成していますが、地区ごとに微妙な違いがあることがわかります。東山駅寄りの地域では「商店街が発展するのでよい」という意見が多くなっていますが、西山駅寄りの地域では「問題が多いので慎重に」という意見や「あまり必要でない」という意見がめだっています。

3. 教育と学校について

表9 最後に卒業した学校

小中学校	10.6%	(52)
高等学校	35.6%	(175)
短大・高専・専門学校	25.9%	(127)
大学	27.9%	(137)
計	100.0%	(491)
回答なし		(8)

表10 印象に残っている学校とその評価との関係

	管理に順応	管理に反発	自　由	計
小学校	33.7% (30)	4.5% (4)	61.8% (55)	100.0% (89)
中学校	28.7% (39)	6.6% (9)	64.7% (88)	100.0% (136)
高　校	22.0% (37)	10.1% (17)	67.9% (114)	100.0% (168)
大　学	7.5% (6)	7.5% (6)	85.0% (68)	100.0% (80)
計	23.7% (112)	7.6% (36)	68.7% (325)	100.0% (473)
				回答なし (26)

半数以上の人が高等教育を受けるようになっています(表9)。

印象に残っている学校とその評価についての回答結果は、表10の通りです。小中学校では「きびしかったが特に何かしようとは思わなかった」という管理順応型が多く、高校では「何とかしたかった」という管理反発型が、大学では「自由だった」という回答が多くなっています。

表11 年令と学校評価との関係

	管理に順応	管理に反発	自　由	計
20〜29才	18.0% (14)	11.5% (9)	70.5% (55)	100.0% (78)
30〜39才	17.6% (19)	8.3% (9)	74.1% (80)	100.0% (108)
40〜49才	20.5% (17)	7.2% (6)	72.3% (60)	100.0% (83)
50〜59才	31.2% (40)	4.7% (6)	64.1% (82)	100.0% (128)
60〜69才	31.6% (25)	7.6% (6)	60.8% (48)	100.0% (79)
計	24.1% (115)	7.6% (36)	68.3% (325)	100.0% (476)
				回答なし (23)

年令ごとに学校評価のあり方を見てみると(表11)、20代に管理反発型が多く、50才以上では管理順応型が多くなっています。他に従業上の地位ごとに見てみると(表は省略)、会社役員に管理反発型が多く、学校教育の変遷とそのあり方について考えさせられる結果になっています。

4. ご家族とお仕事の状況

表12　結婚しているかどうか

独身	36.1% (179)
既婚	55.6% (276)
離死別	8.3% (41)
計	100.0% (496)
回答なし	(3)

表13　子どもの数

子どもがいない	43.5% (215)
1人	14.4% (71)
2人	30.4% (150)
3人	10.7% (53)
4人	1.0% (5)
計	100.0% (494)
回答なし	(5)

半数以上の人が結婚をしていて、そのほとんどが子どもをもうけていますが、独身という方も4割近くを占めています。

表14　家族の形態

一人暮らし	18.3% (91)
核家族	59.5% (295)
三世代	19.0% (94)
その他	3.2% (16)
計	100.0% (496)
回答なし	(3)

結婚していない人の約半数が一人暮らしをしている計算になります。大半が夫婦と未婚の子からなる核家族ですが、おじいさんおばあさんが同居している三世代家族も2割近くを占めています。

表15　家族周期段階

独身期	31.6% (152)
新婚期	4.2% (20)
養育期（就学以前）	7.5% (36)
教育前期（小学生まで）	4.8% (23)
教育後期（中学生以上）	11.7% (56)
子ども独立後の夫婦のみ	29.2% (140)
配偶者を亡くした後	11.0% (53)
計	100.0% (480)
回答なし	(19)

家族的な段階でみると、独身期と子どもが巣立った後の段階が多くなっています。これは30代と50代が多い年令の分布と一致していて、この地域がすでに子育てを終えて高齢化の段階へと進みつつあることがわかります。独身期にある人が今後結婚してこの地域に定着し、子どもをもつかどうかが注目されます。

表16　就業形態

役員	8.4% (30)
会社員	52.3% (188)
臨時・アルバイト	17.0% (61)
自営業	22.3% (80)
計	100.0% (359)
回答なし	(8)
現在仕事はしていない	(132)

半数以上が一般の会社員ですが、自営業を営む人が2割をこえ、会社役員も1割近くを占めています。中小の事業所や商店が多いこの地域の特徴がうかがわれます。

図6　親子二代での就業形態の変化

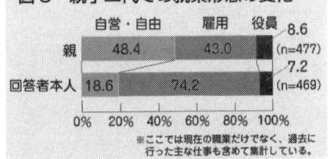

	自営・自由	雇用	役員	
親	48.4	43.0	8.6	(n=477)
回答者本人	18.6	74.2	7.2	(n=469)

※ここでは現在の親業だけでなく、過去に行った主な仕事も含めて集計している。

それでも親子二代での就業形態の変化を見ると、自営業者も会社役員もかなり減っていることがわかります。急激なサラリーマン化が進んだことが確認できます。

表17 勤務地はどこか

区内	54.2%	(194)
都内	40.5%	(145)
その他	5.3%	(19)
計	100.0%	(358)
回答なし		(9)
現在仕事はしていない		(132)

それでもこの地域にお住まいの方の半数以上は、区内という比較的近くにお勤めのようです。

表18 勤め先の規模はどのくらいか

自分1人	5.0%	(18)
家族のみ	9.8%	(35)
4人以下	13.4%	(48)
5〜29人	19.6%	(70)
30〜99人	11.2%	(40)
100〜299人	8.1%	(29)
300〜999人	9.5%	(34)
1000人以上	23.4%	(84)
計	100.0%	(358)
回答なし		(9)
現在仕事はしていない		(132)

100人未満が6割近くを占めていますが、1000人以上という人も全体の2割をこえています。

表19 仕事の種類

現業職	21.1%	(75)
サービス業	12.1%	(43)
販売・営業	19.7%	(70)
事務職	33.3%	(118)
会社経営・管理職	6.2%	(22)
専門職	7.6%	(27)
計	100.0%	(355)
回答なし		(12)
現在仕事はしていない		(132)

実際にしている仕事の種類としては、事務・現業・販売・営業といった仕事が多くなっています。

表20 世帯全体の1年間の収入

400万円以下	20.2%	(90)
400〜600万円	20.2%	(90)
600〜800万円	18.7%	(83)
800〜1000万円	15.7%	(70)
1000〜1500万円	14.9%	(66)
1500万円以上	10.3%	(46)
計	100.0%	(445)
回答なし		(54)

世帯全体での1年間の収入は表20のとおりです。

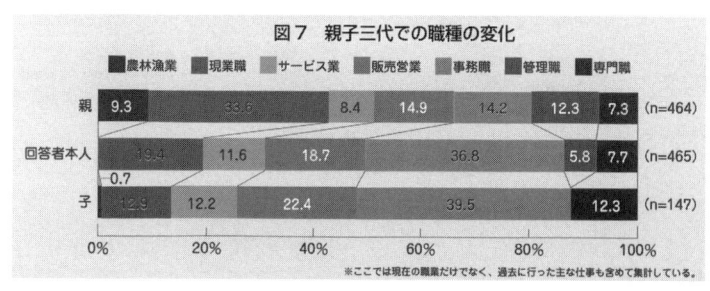

図7 親子三代での職種の変化

凡例: 農林漁業　現業職　サービス業　販売営業　事務職　管理職　専門職

	農林漁業	現業職	サービス業	販売営業	事務職	管理職	専門職	
親	9.3	33.6	8.4	14.9	14.2	12.3	7.3	(n=464)
回答者本人		19.4	11.6	18.7	36.8	5.8	7.7	(n=465)
子	0.7	12.9	12.2	22.4	39.5		12.3	(n=147)

※ここでは現在の職業だけでなく、過去に行った主な仕事も含めて集計している。

図7は仕事の種類について、対象者の親・対象者本人・対象者の子どもという親子三代の変化を示したものです。職人さんや工員さんといった現業労働に従事する人が減り、事務職や専門職が増えていることがわかります。

5. 政治とのかかわり

表21 区長選挙

投票しなかった	49.8%	(231)
A氏	41.8%	(194)
B氏	8.4%	(39)
計	100.0%	(464)
回答なし		(35)

区長選挙については、ほぼ半数の人が投票しなかったとこたえています。

表22 現在の区政について

支持する	13.9%	(67)
どちらかといえば支持する	26.3%	(127)
あまり支持しない	7.4%	(36)
支持しない	3.3%	(16)
関心がない	49.1%	(237)
計	100.0%	(483)
回答なし		(16)

現在の区政については、多くの方が支持するとこたえていますが、関心がないという人が半数近くを占めています。

表23 都知事選挙

投票しなかった	27.9%	(130)
石原愼太郎	34.8%	(162)
鳩山邦夫	4.5%	(21)
舛添要一	7.9%	(37)
明石康	7.7%	(36)
三上満	8.6%	(40)
柿沢弘治	4.3%	(20)
その他	4.3%	(20)
計	100.0%	(466)
回答なし		(33)

当選した現石原知事に投票した人が多くなっていますが、次に多いのは投票しなかったという回答でした。

表24 支持する政党

自民党	18.8%	(83)
民主党	4.3%	(19)
公明党	3.6%	(16)
自由党	2.5%	(11)
共産党	5.0%	(22)
社民党	2.3%	(10)
しいていえば自民党	33.6%	(148)
しいていえば民主党	17.7%	(78)
しいていえば社民党・共産党	12.2%	(54)
計	100.0%	(441)
回答なし		(58)

支持する政党については、表24の通りです。

索　　引

[ア　行]
アンケート（調査）　13,21,22,34
アンダーソン,N.　10,11
一元配置の分散分析　126,131,162-165,171
（第）一次資料　6,91,95
一般サンプル　110
一般性　78,79,82,109
一般的　81
依頼状　70
因子　136,137,140,180-182,186
因子得点　182,183
因子分析　125,136,140,178-183,186,187,206
インターネット　20,55,90,98
インタビュー（調査）　26,27,52,67,74,93,122
インフォーマント　49,73-76,83
エスノグラフィー　27
エスノグラフィー批判　200
エスノメソドロジー　199-201,204
F値　130,163,164
F分布　164
エラボレーション　142-144,188-190,207
エンゲルス,F.　3-6,9,33,93
オグバーン,W.F.　14
オッズ（勝目）　174-176
オッズ比（優比）　177

[カ　行]
回帰　168
回帰係数　171,177
回帰直線　132,133,169-171

回帰分析　125,131-135,144,168-172,206
χ^2検定　115,125,127-129,144,161
χ^2値　125,128,159-162
χ^2分布　115,161
解釈型　189
階層クラスター分析　187
回答選択肢　51,104,107,117,149-151,157
科学　14
科学性　202
科学的　4,10,14,61,124,201
科学としての社会調査　8-12,88
書かれた資料（データ）　19,20,31-34,37,38,45,47,48,50,54,55,84,89-102,105,108,113,199,204,205
確率　174-176
確率比例抽出法　112,153,156
仮説　17-19,30,43,44,46,49,54,76,78,80-82,84,85,100,141,203-205
間隔尺度　158
観察　27
観測値　114,115,133,159,160,164,168-170
聞き取り調査　15,19,21,25,27-31,36,37,54,55,63-88,99-101,105,118,119,123,201
聞き取り調査の準備　72
擬似相関　142-144,188-190
期待値　128,159,160
基本属性　139,141,152
帰無仮説　114,115,128,130
客観性　29,33,38,47,82,91,95,202
客観的　13,14,24-26,30,33,61,81,

223

108,124,203
級間分散　130,163
級間平均平方　164
級内分散　130,163
級内平均平方　164
行列　117,118
寄与率　134,146,172
近代　4,5,23,193
倉沢進　187
クラスター分析　125,137,178,179,
　　183-187,206
グランデッド・セオリー　200,203-
　　205
クロス集計　52,125,127-129,138,
　　139,141,144,145,167
クロス表　121,125,127,139,142,
　　159-162,176,206
クロス表分析　128
系統抽出法　111,153,155
ケース・スタディ　77,78,80,82
決定係数(R^2)　133,171,172
現実　26,61,107,121,122,146
検定　116,128,161
交互作用　131,166,167,190
国勢調査　91,95-97,101
コスト　34,39,44,48
コーディング　105
コロンビア大学　4,12,13,110

[サ　行]
最遠隣法　185
最近隣法　185
最小二乗法　133,170,176,181
最初の一言　72
最尤推定法　176,181
作業仮説　64,65,77,80
サーベイ調査　13,14,21,25,27,29,
　　32,34-38,57-59,99,101-147,191,
　　195,197

3重クロス集計　128
3重クロス表　143
サンプリング　21,22,34,35,37,47,
　　79,81,83,108-113,115,145,153-
　　157,163,206
サンプリング台帳　111,153
サンプリング調査　30,33,81,168
サンプル数　112,128,154-156,160,
　　167
参与観察　11,27
ジェンダー　196,200-202,204
シカゴ学派　4,8-11
シカゴ大学　3,8,9
シカゴ・モノグラフ　10
事業所統計　97
視察　5,46,49,54,67
事実　26,28,201
市場調査　2
失業率　97
実証主義　200,201,203
質的　11-13,43,124
質的(な)調査　31,37,46,123,195-
　　197,199-202,204
質問紙　34,35,104
質問紙調査　29,34,35
質問票　50,107,135,149,150
質問文　22,51,104,107,149-153,
　　181,206
市民運動　85
社会学　5,24,201
社会調査　5,14,15,23,25,26,28,36,
　　46,61,64-66,71,86,87,192
社会調査史　3
社会調査の報告　60,61
社会調査の倫理　191,192
尺度　51,121-124,136,140,145
尺度化　99,123
斜交回転　183
ジャーナリスト　24,27,74,85,87,

88
ジャーナリズム　28,74,87,88
重回帰係数　172
重回帰分析　125,131-135,145,168,171
自由回答　23,34,107
就業構造基本調査　97
重心法　185
従属変数(目的変数,被説明変数)　126,127,130,139,141,159,164,168,179,189
自由度　160,161,164
周辺度数(周辺分布)　128,159
住民運動　85
住民基本台帳　96,97,154,155
主観的幸福感　140,181
順序尺度　157,158
ショウ,C.R.　10,11
証言　28,74,82-87
職業威信スコア　122,123
資料批判　24,32,37,38,90-94,107,113
史料批判　6,33
事例研究　32,77-86,99,110,123
事例調査　37,99,119
事例的研究法　79
シングルアンサー　105
真実　25,26,35,36,47,105
真実み　45-48
ステレオタイプ　107,151
ストゥファー,S.A.　13
正規分布　116,134,135
政策(的)　6,10,12,14,60,123,146,147,202
説明型　189
説明責任　66,192
世論調査　2
線形　134
全数調査　30,58,109

全体パーセント　128
専門性　23-25,86-88
層化抽出法　113,153,156
相関　168
相関係数　125,132,140,172
相関比(η^2)　164,165,171,177
操作的　109,110,127
測定　22,34,51,98,99,122-124,136,145,150,157,179,180
測定尺度　157,158,181,183
ゾーボー,H.W.　11

[タ　行]
対象者向けの報告書　192,193
対数　174-176
代数・幾何　119,120
対数変換　135
代表性　22,29,30,33-37,47,51,78,79,97,107,202
確からしさ　45-47
多段抽出法　112,153,156
縦パーセント　127
ダブルバーレル　107,151
多変量解析　59,120,121,125,129,131,139,141,144-146,167,181,187
単純集計　125,138,145,159
単純無作為抽出法　111,153
知見　12,25,43,46,52,55,81,85,125
抽出間隔　154,155
調査票　21,117,149,150,152,157
t検定　115
定性的　125,134,173
定性的な変数(質的な変数,カテゴリカルな変数)　120-122,125,126,129,140,157,173,174
t分布　115
定量的　134,143,144,167

索　引　225

定量的な変数(数量的な変数,連続変数)　120-123,125,126,129-131,134,140,145,157,158,164,175,178,185
データ　25-28,36,83
典型性　79,100
デンドログラム　186
統計書　49,55,96
統計資料　2,31,32,49,89,91,92,94-99,101
統計調査　34,35,145,198
統計的研究法　80
統計的な検定　113-115,206
統計年鑑　96
統計量　114-116
当事者　5,15,25,67,101
統制変数　143,188,189
特定型　190
独立変数(説明変数)　126,127,130,141,159,164,168,179,189

[ナ　行]
内容分析　2
ナラティブ　202
二元配置の分散分析　126,131,144,165-167
(第)二次資料　6,91
2値変数(2分変数)　126,140,144,173,177,178

[ハ　行]
媒介変数　189
ハイナー,N.S.　11
パーク,R.E.　3,9
バージェス,E.W.　4,10
恥知らずの折衷主義　52
パス解析　125
バリマックス回転　183
ハル・ハウス　9
ハレーブン,T.K.　50,100,101
反復型　188
ヒアリング調査　27
標準化　104,106
標準偏回帰係数　172,177
標準偏差　130
標本　109
標本抽出　109,111
標本調査　104,109
貧困研究　3
貧乏線　7,11
ϕ係数　140
ファインディングス　81
フィールド・ワーク　24,27
フェイスシート　152
ブース,C.J.　3,6,7,9,11
普遍性　79
文献資料　31,89,90
分散　130,131,133,146,162-165,170,171,175
分散分析　121,129-131,167,190,206
文書資料　2,5,15,25,31,89-91,100
平均値の差の検定　114-117,126,162
偏回帰係数　172
変数　107,108,117,119,120,123,157,158,180
偏相関係数　125
報告書　33,42,44,60,61,90,191-193
方法の選択　42,45,49
飽和　78,82
母集団　12,13,22,34-37,97,109-111,113-115,120,134,154,156
ポストモダニティ　196,200,201,204
ホームページ　20,55,98

[マ 行]
マトリックスデータ　117-120,180
マートン,R.K.　13
マルチアンサー　36,104,105
民主的な意思決定　124
民主的な政策決定　191,203
民主的な政治的意思決定　61,147
無作為抽出　22,30,111
名義尺度　157

[ヤ 行]
安田三郎　150,187,198
有意差　113,164,172,177
有意差検定　114,172
ユークリッド距離　185
横パーセント　128
予算　43,44

[ラ 行]
ライフヒストリー　10,11
ラウントリ,B.S.　3,6,8,9,11
ラザースフェルド,P.F.　13
ラポール　66
ランダム・サンプリング　4,13,58
リニア　134,168
量的　7,11,32,33,38,48,51,58,78,
　79,94,95,98,101,106,107,140,
　144,150
量的(な)調査　13,31,37,123,124,
　196,200,201
労働者　5-9,24,50
労働者生活研究　3
労働者大衆　3,4,193
労働力調査　97
ロジスティック回帰分析　126,131,
　144,173-178,206
ロジット変換　175,176

[ワ 行]
ワーディング　149-151
Ward法　185

著者紹介

玉野和志（たまの　かずし）

　1960年石川県金沢市生まれ．東京都立大学人文学部社会学専攻を卒業，東京大学大学院社会学研究科博士課程中退．現在都立大学人文科学研究科社会学分野教授．社会学博士．専門は地域社会学・都市社会学．著書に『東京のローカル・コミュニティ』東京大学出版会（2005），『近代日本の都市化と町内会の成立』行人社（1993），『創価学会の研究』講談社現代新書（2008），編著に『都市社会学を学ぶ人のために』世界思想社（2020），『ブリッジブック社会学』信山社（2008）．詳しくは個人ホームページ（http://www.ne.jp/asahi/tamano/hp/）を参照のこと．

実践社会調査入門――今すぐ調査を始めたい人へ

2008年4月15日　第1刷発行
2021年4月10日　第7刷発行

定価はカバーに表示しています

著　者　　玉　野　和　志

発行者　　上　原　寿　明

世界思想社

京都市左京区岩倉南桑原町56　〒606-0031
電話　075(721)6500
振替　01000-6-2908
http://sekaishisosha.jp/

© 2008 K. TAMANO　Printed in Japan

落丁・乱丁本はお取替えいたします　　　　　　（太洋社）

JCOPY　〈(社)出版者著作権管理機構　委託出版物〉

本書の無断複写は著作権法上での例外を除き禁じられています．複写される場合は，そのつど事前に，(社)出版者著作権管理機構（電話 03-5244-5088，FAX 03-5244-5089, e-mail: info@jcopy.or.jp）の許諾を得てください．

ISBN978-4-7907-1321-0

『世界思想ゼミナール』について

　自然は，人間のために存するのではない。また，人間が自然にさからうことは許されない。自然は人間には関わりなく，動いているのである。この単純なことを，環境に慣れすぎてみおとしてしまったり，厳しい人間の世界の止むを得ないかも知れない必要性から，自然をみる目が狂ってしまって，恰も，人力で自然をかえうるがごとき錯覚をもったりするところに，人間の破局が訪れてくる。それは，精神的とか物質的とか問わずにやってくるのである。

　「世界思想ゼミナール」は，人間が本来の姿にかえることを，眼目においている。つまり，人間という生物を中心とする生態系のそれぞれの系に相当するところの，政治・経済・社会・文化・科学などについて，深く思索し，さらに問いたずねて，その上で，自然と調和し，均衡をもった人間の世界を作りあげてゆくところの，いとなみの一助であることを切望している。このことが，はじめて「世界思想」の名にそむかぬユニークなゼミナールを可能にすると信ずる。